DOCÊNCIA em FORMAÇÃO
Saberes Pedagógicos

Coordenação:
Selma Garrido Pimenta

© 2013 by Bernard Charlot

© Direitos de publicação
CORTEZ EDITORA
Rua Monte Alegre, 1074 – Perdizes
05014-001 – São Paulo – SP
Tel.: (11) 3864-0111 Fax: (11) 3864-4290
cortez@cortezeditora.com.br
www.cortezeditora.com.br

Direção
José Xavier Cortez

Editor
Amir Piedade

Preparação
Alexandre Soares Santana

Revisão
Alessandra Biral
Gabriel Maretti

Edição de Arte
Mauricio Rindeika Seolin

Ilustração de capa
Antonio Carlos Tassara de Padua

Dados Internacionais de Catalogação na Publicação (CIP)
(Câmara Brasileira do Livro, SP, Brasil)

Charlot, Bernard
  Da relação com o saber às práticas educativas / Bernard Charlot –
1. ed. – São Paulo: Cortez, 2013. – (Coleção docência em formação: saberes pedagógicos)

  ISBN 978-85-249-2050-9

  1. Educação. 2. Globalização 3. Pedagogia 4. Sociologia educacional – I. Título. II. Série.

13-05843   CDD-306.43

Índices para catálogo sistemático:
1. Sociologia da educação   306.43

Impresso no Brasil – março de 2022

Bernard Charlot

Da relação com o saber às práticas educativas

1ª edição
5ª reimpressão

SUMÁRIO

AOS PROFESSORES 9

APRESENTAÇÃO DA COLEÇÃO 11

PREFÁCIO 21

PRÓLOGO 29

CAPÍTULO I   EDUCAÇÃO E GLOBALIZAÇÃO: UMA TENTATIVA
DE COLOCAR ORDEM NO DEBATE 35
     1. As décadas de 1960 e 1970: a educação
       pensada em uma lógica econômica 39
     2. Da década de 1980 para cá: novas lógicas
       econômicas, sociais e educacionais 42
     3. A globalização neoliberal e seus efeitos
       atuais e virtuais sobre a escola 47
     4. Os altermundialistas e a Educação Para
       Todos: o desafio de uma solidarização
       entre os membros da espécie humana 56
     5. Conclusão 59

CAPÍTULO II   TRABALHO E EDUCAÇÃO: ABORDAGENS
ANTROPOLÓGICA E SÓCIO-HISTÓRICA 63
     1. A questão antropológica:
       do trabalho como castigo e servidão
       ao trabalho como fundamento da
       dignidade e da liberdade humanas 66
     2. Trabalho e educação: quatro posturas
       para pensar a relação 72
     3. A abordagem sócio-histórica:
       educação e trabalho no Estado Educador,
       no Estado Desenvolvimentista
       e no Estado Regulador 79

CAPÍTULO III O PROFESSOR NA SOCIEDADE CONTEMPORÂNEA: UM TRABALHADOR DA CONTRADIÇÃO 91

1. A escola e o professor na encruzilhada das contradições econômicas, sociais e culturais 94

2. As contradições no cotidiano: a professora na escola e na sala de aula 102

2.1. O professor herói e o professor vítima ... 103

2.2. "Culpa" do aluno ou "culpa" do professor? 107

2.3. Tradicional ou construtivista? 109

2.4. Ser universalista ou respeitar as diferenças? 117

2.5. Restaurar a autoridade ou amar os alunos? 120

2.6. A escola vinculada à comunidade ou a escola lugar específico? 126

CAPÍTULO IV A ESCOLA E O TRABALHO DOS ALUNOS 131

1. A questão da atividade do aluno: um debate teórico e epistemológico 134

1.1. A questão da atividade na Sociologia das posições e disposições 134

1.2. A análise dos implícitos da atividade na Sociologia de Bourdieu e nos Estudos de gênero 138

1.3. Por que é preciso levantar a questão da atividade do aluno? 142

2. A atividade escolar, na perspectiva da própria escola e na dos alunos 147

2.1 Qual é a especificidade da atividade escolar? 147

2.2. Será que a atividade escolar pode ser considerada um *trabalho*? 151

2.3. Quando a atividade escolar se degrada
em trabalho alienado 153

CAPÍTULO V   RELAÇÃO COM O SABER NA SOCIEDADE
CONTEMPORÂNEA: REFLEXÕES
ANTROPOLÓGICAS E PEDAGÓGICAS 155
1. Questões pedagógicas e epistemológicas ... 158
2. Além da questão sociológica 163
3. Questões antropológicas 167
4. Volta às questões pedagógicas 176

CAPÍTULO VI   QUAL O LUGAR PARA AS ARTES NA ESCOLA
DA SOCIEDADE CONTEMPORÂNEA? 183
1. Por que, historicamente, a sociedade
ocidental e sua escola marginalizaram
as Artes? 187
2. Pedagogia "nova", Dança "moderna",
Jogos teatrais: a guinada do século XX 197
3. O ensino da Dança e do Teatro na
sociedade contemporânea 205
4. Sujeito, Desejo e Arte na sociedade
contemporânea 218

CAPÍTULO VII   O QUE CHAMAMOS DE "NATUREZA"?
CONTRIBUIÇÃO PARA UMA ABORDAGEM
CRÍTICA EM EDUCAÇÃO AMBIENTAL 231
1. O homem é produto da História.
A Natureza atual também 234
2. A mãe boa, a mãe má, o pai: os
significados associados à ideia
de Natureza 238
3. O tema da Natureza no pensamento
pedagógico 244

CAPÍTULO VIII EDUCAÇÃO PARA A CIDADANIA À ÉPOCA DA
GLOBALIZAÇÃO: MORALIZAÇÃO DO POVO
OU ASPIRAÇÃO DE NOVOS VALORES? 253
1. Por que, hoje, tanto se fala de cidadania?
Argumentos, dúvidas, suspeitas 256
2. Educação e Cidadania
no Estado Educador 261
3. Educação e vínculo social nos Estados
Educador, Desenvolvimentista
e Regulador 267

REFERÊNCIAS 279

AOS PROFESSORES

A **Cortez Editora** tem a satisfação de trazer ao público brasileiro, particularmente aos estudantes e profissionais da área educacional, a **Coleção Docência em Formação**, destinada a subsidiar a formação inicial de professores e a formação contínua daqueles que estão em exercício da docência.

Resultado de reflexões, pesquisas e experiências de vários professores especialistas de todo o Brasil, a Coleção propõe uma integração entre a produção acadêmica e o trabalho nas escolas. Configura um projeto inédito no mercado editorial brasileiro por abarcar a formação de professores para todos os níveis de escolaridade: **Educação Básica** (incluindo a **Educação Infantil**, o **Ensino Fundamental** e o **Ensino Médio**), a **Educação Superior**, a **Educação de Jovens e Adultos** e a **Educação Profissional**. Completa essa formação com os Saberes Pedagógicos.

Com mais de 30 anos de experiência e reconhecimento, a Cortez Editora é uma referência no Brasil, nos demais países latino-americanos e em Portugal por causa da coerência de sua linha editorial e da atualidade dos temas que publica, especialmente na área da Educação, entre outras. É com orgulho e satisfação que lança a **Coleção Docência em Formação**, pois estamos convencidos de que se constitui em novo e valioso impulso e colaboração ao pensamento pedagógico e à valorização do trabalho dos professores na direção de uma escola melhor e mais comprometida com a mudança social.

José Xavier Cortez
Editor

Apresentação da Coleção

A Coleção **Docência em Formação** tem por objetivo oferecer aos professores em processo de formação e aos que já atuam como profissionais da Educação subsídios formativos que levem em conta as novas diretrizes curriculares, buscando atender, de modo criativo e crítico, às transformações introduzidas no sistema nacional de ensino pela Lei de Diretrizes e Bases da Educação Nacional, de 1996. Sem desconhecer a importância desse documento como referência legal, a proposta desta Coleção identifica seus avanços e seus recuos e assume como compromisso maior buscar uma efetiva interferência na realidade educacional por meio do processo de ensino e de aprendizagem, núcleo básico do trabalho docente. Seu propósito é, pois, fornecer aos docentes e alunos das diversas modalidades dos cursos de formação de professores (licenciaturas) e aos docentes em exercício, livros de referência para sua preparação científica, técnica e pedagógica. Os livros contêm subsídios formativos relacionados ao campo dos saberes pedagógicos, bem como ao campo dos saberes relacionados aos conhecimentos especializados das áreas de formação profissional.

A proposta da Coleção parte de uma concepção orgânica e intencional de educação e de formação de seus profissionais, e com clareza do que se pretende formar para atuar no contexto da sociedade brasileira contemporânea, marcada por determinações históricas específicas.

Como bem mostram estudos e pesquisas recentes na área, os professores são profissionais essenciais nos processos de mudanças das sociedades. Se forem deixados à margem, as decisões pedagógicas e curriculares alheias, por mais interessantes que possam parecer, não se efetivam, não gerando efeitos sobre o social. Por isso, é preciso investir na formação e no desenvolvimento profissional dos professores.

Na sociedade contemporânea, as rápidas transformações no mundo do trabalho, o avanço tecnológico configurando a sociedade virtual e os meios de informação e comunicação incidem com bastante força na escola, aumentando os desafios para torná-la uma conquista democrática efetiva. Transformar as escolas em suas práticas e culturas tradicionais e burocráticas que, por intermédio da retenção e da evasão, acentuam a exclusão social, não é tarefa simples nem para poucos. O desafio é educar as crianças e os jovens propiciando-lhes um desenvolvimento humano, cultural, científico e tecnológico, de modo que adquiram condições para fazer frente às exigências do mundo contemporâneo. Tal objetivo exige esforço constante do coletivo da escola – diretores, professores, funcionários e pais de alunos – dos sindicatos, dos governantes e de outros grupos sociais organizados.

Não se ignora que esse desafio precisa ser prioritariamente enfrentado no campo das políticas públicas. Todavia, não é menos certo que os professores são profissionais essenciais na construção dessa nova escola. Nas últimas décadas, diferentes países realizaram grandes investimentos na área da formação e desenvolvimento profissional de professores visando essa finalidade. Os professores contribuem com seus saberes, seus valores, suas experiências nessa complexa tarefa de melhorar a qualidade social da escolarização.

Entendendo que a democratização do ensino passa pelos professores, por sua formação, por sua valorização profissional e por suas condições de trabalho, pesquisadores têm apontado para a importância do investimento no seu desenvolvimento profissional, que envolve formação inicial e continuada, articulada a um processo de valorização identitária e profissional dos professores. Identidade que é *epistemológica*, ou seja, que reconhece a docência como um *campo de conhecimentos específicos* configurados em quatro grandes conjuntos, a saber:

1. conteúdos das diversas áreas do saber e do ensino, ou seja, das ciências humanas e naturais, da cultura e das artes;
2. conteúdos didático-pedagógicos, diretamente relacionados ao campo da prática profissional;
3. conteúdos relacionados a saberes pedagógicos mais amplos do campo teórico da educação;
4. conteúdos ligados à explicitação do sentido da existência humana individual, com sensibilidade pessoal e social.

Vale ressaltar que identidade que é *profissional,* ou seja, a docência, constitui um campo específico de intervenção profissional na prática social. E, como tal, ele deve ser valorizado em seus salários e demais condições de exercício nas escolas.

APRESENTAÇÃO DA COLEÇÃO

O desenvolvimento profissional dos professores tem se constituído em objetivo de propostas educacionais que valorizam a sua formação não mais fundamentada na racionalidade técnica, que os considera como meros executores de decisões alheias, mas em uma perspectiva que reconhece sua capacidade de decidir. Ao confrontar suas ações cotidianas com as produções teóricas, impõe-se rever suas práticas e as teorias que as informam, pesquisando a prática e produzindo novos conhecimentos para a teoria e a prática de ensinar. Assim, as transformações das práticas docentes só se efetivam à medida que o professor *amplia sua consciência sobre a própria prática*, a de sala de aula e a da escola como um todo, o que pressupõe os conhecimentos teóricos e críticos sobre a realidade. Tais propostas enfatizam que os professores colaboram para transformar as escolas em termos de gestão, currículos, organização, projetos educacionais, formas de trabalho pedagógico. Reformas gestadas nas instituições, sem tomar os professores como parceiros/autores, não transformam a escola na direção da qualidade social. Em consequência, *valorizar o trabalho docente significa dotar os professores de perspectivas de análise que os ajudem a compreender os contextos histórico, sociais, culturais, organizacionais nos quais se dá sua atividade docente.*

Na sociedade brasileira contemporânea, novas exigências estão postas ao trabalho dos professores. No colapso das antigas certezas morais, cobra-se deles que cumpram funções da família e de outras instâncias sociais; que respondam à necessidade de afeto dos alunos; que resolvam os problemas da violência, das drogas e da indisciplina; que preparem melhor os alunos nos conteúdos das matemáticas, das ciências e da tecnologia tendo em vista colocá-los em melhores condições para enfrentarem a competitividade; que restaurem a importância dos conhecimentos na perda de credibilidade das certezas científicas; que sejam os regeneradores das culturas/identidades perdidas com as desigualdades/diferenças culturais; que gestionem as escolas com economia cada vez mais frugal; que trabalhem coletivamente em escolas com horários cada vez mais fragmentados. Em que pese a importância dessas demandas, não se pode exigir que os professores individualmente considerados façam frente a elas. Espera-se, sim, que coletivamente apontem caminhos institucionais ao seu enfrentamento.

É nesse contexto complexo, contraditório, carregado de conflitos de valor e de interpretações, que se faz necessário ressignificar a identidade do professor. O ensino, atividade característica do professor, é uma prática social complexa, carregada de conflitos de valor e que exige opções éticas e políticas. Ser professor requer saberes e conhecimentos científicos, pedagógicos, educacionais, sensibilidade da experiência, indagação teórica e criatividade para fazer frente às situações únicas, ambíguas, incertas, conflitivas e, por vezes, violentas, das situações de ensino, nos contextos escolares e não escolares. É da natureza da atividade docente proceder à mediação reflexiva e crítica entre as transformações sociais concretas e a formação humana dos alunos, questionando os modos de pensar, sentir, agir e de produzir e distribuir conhecimentos na sociedade.

Problematizando e analisando as situações da prática social de ensinar, o professor incorpora o conhecimento elaborado, das ciências, das artes, da filosofia, da pedagogia e das ciências da educação, como ferramentas para a compreensão e proposição do real.

A Coleção investe, pois, na perspectiva que valoriza a capacidade de decidir dos professores. Assim, discutir os temas que perpassam seu cotidiano nas escolas – projeto pedagógico, autonomia, identidade e profissionalidade dos professores, violência, cultura, religiosidade, a importância do conhecimento e da informação na sociedade contemporânea, a ação coletiva e interdisciplinar, as questões de gênero, o papel do sindicato na formação, entre outros –, articulados aos contextos institucionais, às políticas públicas e confrontados com experiências de outros contextos escolares e com as teorias, é o caminho a que a Coleção **Docência em Formação** se propõe.

Os livros que a compõem apresentam um tratamento teórico-metodológico pautado em três premissas: há uma estreita vinculação entre os conteúdos científicos e os pedagógicos; o conhecimento se produz de forma construtiva e existe uma íntima articulação entre teoria e prática.

Assim, de um lado, impõe-se considerar que a atividade profissional de todo professor possui uma natureza pedagógica, isto é, vincula-se a objetivos educativos de formação humana e a processos metodológicos e organizacionais de transmissão e apropriação de saberes e modos de ação. O trabalho docente está impregnado de intencionalidade, pois visa a formação humana por meio de conteúdos e habilidades de pensamento e ação, implicando escolhas, valores, compromissos éticos. O que significa introduzir objetivos explícitos de natureza conceitual, procedimental e valorativa em relação aos conteúdos da matéria que se ensina; transformar o saber científico ou tecnológico em conteúdos formativos; selecionar e organizar conteúdos de acordo com critérios lógicos e psicológicos em função das características dos alunos e das finalidades do ensino; utilizar métodos e procedimentos de ensino específicos inserindo-se em uma estrutura organizacional em que participa das decisões e das ações coletivas. Por isso, para ensinar, o professor necessita de conhecimentos e práticas que ultrapassem o campo de sua especialidade.

De outro ponto de vista, é preciso levar em conta que todo conteúdo de saber é resultado de um processo de construção de conhecimento. Por isso, dominar conhecimentos não se refere apenas à apropriação de dados objetivos pré-elaborados, produtos prontos do saber acumulado. Mais do que dominar os produtos, interessa que os alunos compreendam que estes são resultantes de um processo de investigação humana. Assim, trabalhar o conhecimento no processo formativo dos alunos significa proceder à mediação entre os significados do saber no mundo atual e aqueles dos contextos nos quais foram produzidos. Significa explicitar os nexos entre a atividade de pesquisa e seus resultados, portanto, instrumentalizar os alunos no próprio processo de pesquisar.

Na formação de professores, os currículos devem configurar a pesquisa como *princípio cognitivo*, investigando com os alunos a realidade escolar, desenvolvendo neles essa atitude investigativa em suas atividades profissionais e assim configurando a pesquisa também como *princípio formativo* na docência.

Além disso, é no âmbito do processo educativo que mais íntima se afirma a relação entre a teoria e a prática. Em sua essência, a educação é uma prática, mas uma prática intrinsecamente intencionalizada pela teoria. Decorre dessa condição a atribuição de um lugar central ao estágio, no processo da formação do professor. Entendendo que o estágio é constituinte de todas as disciplinas percorrendo o processo formativo desde seu início, os livros da Coleção sugerem várias modalidades de articulação direta com as escolas e demais instâncias nas quais os professores atuarão, apresentando formas de estudo, análise e problematização dos saberes nelas praticados. O estágio também pode ser realizado como espaço de projetos interdisciplinares, ampliando a compreensão e o conhecimento da realidade profissional de ensinar. As experiências docentes dos alunos que já atuam no magistério, como também daqueles que participam da formação continuada, devem ser valorizadas como referências importantes para serem discutidas e refletidas nas aulas.

Considerando que a relação entre as instituições formadoras e as escolas pode se constituir em espaço de formação contínua para os professores das escolas assim como para os formadores, os livros sugerem a realização de projetos conjuntos entre ambas. Essa relação com o campo profissional poderá propiciar ao aluno em formação oportunidade para rever e aprimorar sua escolha pelo magistério.

Para subsidiar a formação inicial e continuada dos professores onde quer que se realizem: nos cursos de licenciatura, de pedagogia e de pós-graduação, em universidades, faculdades isoladas, centros universitários e Ensino Médio, a Coleção está estruturada nas seguintes séries:

Educação Infantil: profissionais de creche e pré--escola.

Ensino Fundamental: professores do 1º ao 5º ano e do 6º ao 9º ano.

Ensino Médio: professores do Ensino Médio.

Ensino Superior: professores do Ensino Superior.

Educação Profissional: professores do Ensino Médio e Superior Profissional.

Educação de Jovens e Adultos: professores de jovens e adultos em cursos especiais.

Saberes pedagógicos e formação de professores.

Em síntese, a elaboração dos livros da Coleção pauta-se nas seguintes perspectivas: investir no conceito de *desenvolvimento profissional*, superando a visão dicotômica de formação inicial e de formação continuada; investir em sólida formação teórica nos campos que constituem os saberes da docência; considerar a formação voltada para a profissionalidade docente e para a construção da identidade de professor; tomar a pesquisa como componente essencial da/na formação; considerar a prática social concreta da educação como objeto de reflexão/formação ao longo do processo formativo; assumir a visão de totalidade do processo escolar/educacional em sua inserção no contexto sociocultural; valorizar a docência como atividade intelectual, crítica e reflexiva; considerar a ética como fator fundamental na formação e na atuação docente.

São Paulo, 21 de fevereiro de 2012
Selma Garrido Pimenta
Coordenadora

PREFÁCIO

Maria Amélia Santoro Franco

Prefácio

Maria Amélia Santoro Franco

Bernard Jean Jacques Charlot nasceu em Paris, em 1944. Formou-se em Filosofia em 1967 e, dois anos depois, foi lecionar Ciências da Educação na Universidade de Túnis, na Tunísia. De volta à França, em 1973, trabalhou por catorze anos na École Normale, uma instituição de formação de docentes. No período de 1987 a 2003, atuou como professor catedrático da Universidade de Paris 8, onde fundou a equipe de pesquisa Escol (Educação, Socialização e Comunidades Locais), voltada para a elaboração dos elementos básicos da teoria da relação com o saber. Após se aposentar, veio para o Brasil. Como pesquisador visitante do CNPq na Universidade Federal de Mato Grosso, seguiu fazendo pesquisas até ser convidado para ser professor visitante na Universidade Federal de Sergipe, em Aracaju. Desde 2006, é lá que coordena as relações internacionais do grupo de pesquisas Educação e Contemporaneidade (Educon), sendo, desde 2010, professor visitante nacional sênior da Capes na UFS.

Epistemologicamente falando, Bernard esteve sempre à procura da efetividade da ação educativa para as classes populares e, dessa forma, sempre foi considerado um educador engajado com as questões escolares dos menos favorecidos. Assim, ainda muito novo, aos 31 anos de idade, revoluciona o pensamento pedagógico ao pontificar que havia mistificações no discurso pedagógico e que a escola nova não necessariamente produzia uma melhor condição de ensino às crianças nem democratizava as relações sociais. Aliás, como afirma, a escola continuava funcionando de forma socialmente injusta e inadequada. Aos que nada possuem, ela pouco oferece, além de produzir sentimentos de desvalia e comiseração; aos que são bem-dotados culturalmente ou socialmente, ela reforça as convicções de um saber elitista. Neste primeiro momento de sua carreira, a grande questão foi a convicção de que a educação é uma ação política.

Com essa perspectiva política é que Bernard vai enfrentar e enriquecer as teorias da reprodução tão em moda na década de 1980 (Althusser, 1970; Bourdieu; Passeron, 1970; Baudelot; Establet, 1971; Bowles; Gintis, 1976). Com perguntas simples, ele clama pela singularidade, clama por uma pedagogia do sujeito: se as teorias da reprodução de alguma forma explicam o fracasso escolar através da origem sociocultural dos alunos, essas teorias não explicam os casos marginais, ou seja, crianças provenientes de meios socioculturais desprivilegiados e que, no entanto, saem-se bem na escola.

Bernard Charlot também estranha o fato de as teorias da reprodução ignorarem a questão do saber escolar, reduzindo a escola a um espaço onde se processam mecanismos de diferenciação social.

Superando a lógica posta pelas teorias da reprodução, sem por isso ignorar a desigualdade social face à escola, Bernard vai olhar profundamente para o sujeito, para sua história individual; vai refletir

PREFÁCIO

sobre a singularidade das práticas pedagógicas e das práticas docentes. Aliando reflexão e pesquisa com jovens das classes populares chega inicialmente ao conceito de *relação social com o saber* (1979) para posteriormente defini-lo como *relação (epistêmica e identitária) com o saber* (Charlot; Bautier; Rochex, 1992). Em ambos os conceitos, o que se realça é a questão da singularidade e do sentido.

Ao procurar compreender as histórias singulares, propõe o conceito de *leitura positiva da realidade*, mais uma vez rompendo com a perspectiva infeliz e injusta de pensar o fracasso escolar na dimensão de carência, de ausência, de *handicaps*. A perspectiva da leitura positiva fornece elementos transformadores e emancipatórios para se lidar com o suposto fracasso escolar. Essa forma de ler a realidade fornece as bases de uma leitura plural e generosa do momento vivido pelo estudante, que, na perspectiva *charloniana,* passa a ser visto como um sujeito que lê e interpreta o mundo e não um objeto onde faltam pedaços ou cores. A leitura positiva permite colocar o aluno em situação de diálogo cognitivo, tal qual pensava Paulo Freire.

Foi possível, a partir de seus estudos, afirmar: "O fracasso escolar não existe, o que existe são alunos em situação de fracasso" (Charlot, 2000, p. 16) e essa afirmação não é trivial. É uma enorme mudança de perspectiva para a compreensão da responsabilidade social da educação escolar, o que impõe uma enorme tarefa à Didática e à Pedagogia.

Conheci pessoalmente Bernard Charlot em Sherbrooke, Canadá, por ocasião do 13th International Congress of the WAER em 2000, momento em que

> Congresso Internacional da Associação Mundial de Ciências da Educação (WAER).

25

CHARLOT, Bernard. Relação com o saber e com a escola entre estudantes de periferia. *Cadernos de Pesquisa,* São Paulo, n. 97, p. 47-63, maio 1996.

Idem. *Les sciences de l'éducation: un enjeu, un défi.* Paris: ESF, 1995.

Idem. *Du rapport au savoir: éléments pour une théorie.* Paris: Anthropos, 1997.

finalizava meu doutorado. Trazia em minhas reflexões seus trabalhos referentes à "Mistificação pedagógica", um texto seu publicado nos cadernos de pesquisa em 1996, no qual já explicitava seu conceito da relação com o saber, e dois outros livros: *Les sciences de l'éducation: un enjeu, un défi* e *Du rapport au savoir: éléments pour une théorie,* livros com os quais, além de outros tantos, de diferentes autores franceses, minha orientadora Selma Garrido Pimenta me presenteara no primeiro encontro de orientação.

Neste primeiro contato, pude observar que ele já falava um pouco de português e gostava muito do Brasil. Combinamos que ele viria participar de minha banca de doutoramento na Universidade de São Paulo, o que aconteceu no início de 2001. Desde então, tenho o privilégio de sua amizade e o privilégio de muitas interlocuções pedagógicas.

Entre 2010 e 2011 tive também a oportunidade de tê-lo como orientador de meu pós-doutorado. Nesta ocasião, ao realizar leituras que me indicava, percebi que havia muitos textos seus com pouca divulgação no Brasil. Dessa forma, surgiu a ideia de compô-los em um livro de forma a disponibilizar sua leitura de uma forma ampliada. Ao reunir os artigos, percebemos que havia muitos e os selecionamos com base nos critérios que serão a seguir descritos pelo próprio autor.

O livro está composto por textos atuais, relevantes e trazem entre si uma composição articulada, que contextualiza a educação em suas contradições contemporâneas, em uma perspectiva antropológica, permeada por tensões que reverberam na escola e complexificam o trabalho docente.

Considerando essa articulação e ainda levando em conta sua teoria da relação com o saber, que permeia toda a sua obra, é que optamos pelo título: *Da relação com o saber às práticas educativas.*

Desta forma, este é um livro que virá compor e enriquecer a Série Saberes Pedagógicos, dentro da Coleção Docência em Formação. É um livro que trará contribuições importantes para todos os docentes que atuam nas diferentes modalidades e segmentos do ensino.

São Paulo, 2 de janeiro de 2013.

Maria Amélia do Rosário Santoro Franco

PRÓLOGO

Prólogo

A maioria dos textos que compõem este livro já foi publicada. São textos recentes, escritos entre 2007 e 2011, para revistas ou livros coletivos. Resolvi juntá-los em um livro por dois motivos. Em primeiro lugar, porque nem sempre é fácil encontrar um artigo quando uma revista não disponibiliza um acesso à Internet e fica até difícil saber que um texto existe quando foi publicado como capítulo de um livro coletivo. Além disso, considero que se deve resistir à pressão atual, desvalorizando os livros em proveito de artigos em revistas indexadas. Originada na área das Ciências Naturais, essa pressão ignora tanto a dinâmica da produção nessas ciências, em que o artigo é precedido e acompanhado por documentos e relatórios, como a especificidade das pesquisas em Ciências Humanas e Sociais, que precisam desenrolar um universo problemático e conceitual amplo, em que muitos temas se cruzam, ecoam, sustentam-se, interrogam-se uns aos outros.

No primeiro levantamento que fiz, havia mais treze textos. Obviamente, era impossível publicar tudo em um só livro. Escolhi os textos com base em três critérios: a coerência do livro, o grau de simpatia que sinto pelos vários textos que escrevi, a eventual dificuldade para obter uma autorização de republicação.

Ao juntar textos publicados separadamente, não se oferece um número de revista escrito por uma só pessoa, mas, sim, proporciona-se o universo intelectual comum em que foi concebido cada um desses textos. Contudo, para evidenciar esse universo, é necessário pensar cuidadosamente a construção e a arquitetura do livro.

O primeiro capítulo tenta colocar ordem no debate sobre educação e globalização e, para tanto, apresenta as lógicas econômicas e sociais que estruturam a escola e os debates pedagógicos desde a década de 1960.

Hoje em dia, logo que se fala em escola, pensa-se em trabalho e emprego. Ao distinguir as lógicas educacionais dos Estados Educador, Desenvolvimentista e Regulador, o segundo capítulo prolonga o texto anterior e mostra como essa pseudoevidência foi construída historicamente. Ele introduz também uma perspectiva antropológica, que atravessa todo o livro: trabalho e educação são duas características fundamentais da espécie humana.

Os terceiro e quarto capítulos do livro focam esta questão do trabalho: o do professor e o do aluno.

Na sociedade contemporânea, o docente trabalha na encruzilhada de numerosas contradições econômicas, sociais e culturais, que o terceiro capítulo analisa em referência à realidade cotidiana da escola. Essa preocupação, também, permeia todo o livro: por mais sócio-histórica ou antropológica que seja a abordagem, nunca se deve esquecer o ponto de vista das práticas cotidianas. Não se pode mudar a escola se não se entende, ao mesmo tempo, quais são as tensões fundamentais que a comovem e como ela as enfrenta no dia a dia.

O quarto capítulo aborda a questão da atividade do aluno: quais são a natureza e a especificidade dessa atividade? Será que ela pode ser considerada um *trabalho* ou será que só importa na escola o que a Sociologia da reprodução chamou de *capital* cultural?

O quinto capítulo constitui o centro de gravidade do livro: a análise da relação com o saber na sociedade contemporânea articula, por um lado, questões antropológicas, epistemológicas e sociais fundamentais e, por outro, práticas, noções e debates que permeiam o cotidiano da escola e da educação: o que é uma aula "interessante", um aluno "preguiçoso", o que fazer com a diferença cultural etc.? Este é o projeto fundamental deste livro: *da relação com o saber às práticas educativas.*

Os três últimos capítulos abordam temas fundamentais e até urgentes, valorizados nos discursos atuais, mas marginalizados na realidade escolar e social: a Arte, a Educação Ambiental e a Cidadania.

Qual lugar para as Artes na escola da sociedade contemporânea? Ao evidenciar os vínculos históricos entre balé, teatro clássico e pedagogia "tradicional" e, em outra configuração cultural, entre dança moderna, jogos teatrais e pedagogia "nova" e, assim, ao mostrar que, ao longo da história, a questão do corpo liga e opõe Pedagogia e Arte, o sexto capítulo torna mais clara a situação da arte na escola e, também, debates pedagógicos que se originam na relação com o corpo.

O que chamamos de "Natureza"? Escrito em coautoria com Veleida Anahi da Silva, o sétimo capítulo desenvolve uma reflexão crítica sobre o uso do conceito de "Natureza". Assim, ele ecoa as questões antropológicas levantadas no livro, esclarece debates fundamentais entre pedagogias "tradicional" e "nova" e contribui para uma abordagem crítica em Educação Ambiental.

Por que, hoje, tanto se fala de educação para a cidadania? Por que um tema ligado ao Estado Educador está se impondo nos debates da sociedade globalizada e do Estado Desenvolvimentista e Regulador? Trata-se de uma atualização do antigo projeto de moralizar o povo ou de uma aspiração de novos valores? Além de abordar uma questão pedagógica de atualidade, o oitavo capítulo volta à questão da globalização, que abriu o livro. Tratada no primeiro capítulo de um ponto de vista econômico e social, essa questão reaparece no último em uma perspectiva antropológica: além da educação para a cidadania, o desafio contemporâneo fundamental é o de uma educação para a humanidade.

Capítulo 1

Educação e globalização: uma tentativa de colocar ordem no debate

Educação e globalização: uma tentativa de colocar ordem no debate

Texto da conferência proferida na Faculdade de Psicologia e de Ciências da Educação da Universidade de Lisboa, Portugal, em 14 de junho de 2007. O texto foi publicado pela revista *Sísifo: Revista de Ciências da Educação*, Lisboa, v. 4, p. 129-136, out.-dez. 2007.

A palavra globalização passou a ser muito utilizada nos discursos sobre educação, às vezes de forma positiva – "na época da globalização tem que fazer isso...", – muitas vezes de forma negativa. No decorrer da História, o que se opunha à educação foi chamado de diabo; nas décadas de 1960 e 1970, foi identificado como Reprodução; hoje em dia é simbolizado pela globalização.
Não estou dizendo que não devamos prestar atenção à globalização, muito menos que ela não traga problemas, mas que, ao utilizar assim a palavra, misturam-se vários processos. Para se entender as relações entre Educação e globalização, é preciso distinguir pelo menos quatro fenômenos, aqui enunciados e, a seguir, analisados.

Primeiro fenômeno: o fato de a educação ser pensada em uma lógica econômica, fato esse que aconteceu nas décadas de 1960 e 1970, na época do Estado Desenvolvimentista, antes da globalização.

Segundo fenômeno: as novas lógicas socioeconômicas, que se impuseram na década de 1980. As décadas de 1960 e de 1970 levaram a uma crise. Essa "crise", que, na verdade, foi uma mudança estrutural do capitalismo mundial, induziu, por um lado, novas lógicas econômicas e sociais e, por outro, uma aceleração da integração econômica internacional, designada como globalização. As lógicas da qualidade, da eficácia, da territorialização apareceram na década de 1980, que foi também a década em que se desenvolveu a globalização, mas não nasceram desta. Não são filhas da globalização, são irmãs ou primas. É verdade que podem servir à globalização e ao neoliberalismo, mas podem também aprimorar um serviço público; de modo mais amplo, são lógicas de modernização.

Terceiro fenômeno: a própria globalização, integração entre as economias, e, portanto, entre as sociedades de vários países. Até agora, pouco incidiu sobre a educação, pelo menos em países como França ou Portugal; teve efeitos em países do sul, através do Fundo Monetário Internacional (FMI) e do Banco Mundial. Entretanto, poderia provocar uma verdadeira revolução na escola, inclusive em países como França e Portugal, se fosse finalizado o projeto de liberalização dos serviços que está em andamento na Organização Mundial do Comércio (OMC), com o Acordo Geral sobre Comércio de Serviços (AGCS).

Por fim, não se deve esquecer de um quarto processo: o movimento que aceita a abertura mundial, sem por isso concordar com a lógica neoliberal da globalização. Poder-se-ia chamá-lo movimento para a solidarização da espécie humana. É um movimento desenvolvido pelos Fóruns Sociais Mundiais nascidos em Porto Alegre, inclusive o Fórum Mundial de Educação e, de outra forma, pelas Nações Unidas, com Educação Para Todos (EPT) e o programa do Milenário.

As datas dos processos podem variar. Ao dizer "isso aconteceu na década de 1960, ou de 1980", está-se falando no tempo dos Estados Unidos, da Europa, do Japão, de países emergentes como Coreia do Sul, mas as datas podem ser outras em outros países. O que não varia é a existência de quatro fenômenos ou processos, que não devem ser confundidos, embora possam ser articulados em diversas formas.

1. As décadas de 1960 e 1970: a educação pensada em uma lógica econômica

A maior mudança da escola na época contemporânea já ocorre nas décadas de 1960 e 1970 e, portanto, é anterior à globalização. Consiste em pensar a escola na lógica econômica e social do desenvolvimento. Antes da Segunda Guerra Mundial, o Estado, na sua relação com a educação, permanece um Estado Educador: pensa a educação em termos de construção da nação, paz social, inculcação de valores. A partir dos anos 1950 e, sobretudo, 1960, ele se torna Estado Desenvolvimentista: claramente (França, Japão, Coreia do Sul, Brasil etc.) ou de forma disfarçada (Estados Unidos), ele pilota o crescimento econômico e coloca a educação a serviço do desenvolvimento. Essa política encontra um amplo consenso social, por gerar novos empregos qualificados, que uma escolaridade mais longa permite ocupar e, portanto, por satisfazer as classes médias e despertar esperanças nas classes populares.

Do ponto de vista escolar, a ambição é construir a escola fundamental, escola de nove anos que começa aos seis anos e vai até os quinze. Prolonga-se a escolaridade obrigatória, abre-se o primeiro segmento do que era o ensino secundário e acontece uma massificação da escola, com efeitos de reprodução social, mas também de democratização. Aparecem novos problemas materiais e financeiros, muito difíceis de serem superados nos países do sul, a tal ponto que, nos países pobres, ainda não se tenha atingido o objetivo da escola fundamental para todos.

Surgem também novos problemas pedagógicos, ao passo que ingressam no fim da escola fundamental novos tipos de alunos. Mas tem-se de tomar cuidado com esse assunto. Espalhou-se a ideia de que se abriu a escola para o povo, sem que mudasse a escola. Na verdade, muitas coisas mudam na década de 1970. Transforma-se bastante a relação pedagógica: a forma como os alunos relacionam-se com os seus professores não tem nada a ver com o que acontecia na década de 1950. Também os métodos de ensino e os livros didáticos mudam aos poucos. O que permanece igual é a chamada "forma escolar", isto é, o tempo e o espaço da escola, o modo de distribuição dos alunos em séries/idades, os processos básicos do ato de ensino-aprendizagem.

Naquele momento da História em que a escola passa a ser percebida como elevador social, as questões do fracasso escolar, da desigualdade social face à escola e dentro da escola, da "igualdade de oportunidades" impõem-se, logicamente, como temas principais de debate sobre a escola. Não se fala da qualidade da escola, questiona-se a justiça da escola.

Também é nessa época que começa a se produzir o que, a meu ver, foi talvez o fenômeno mais importante: uma mudança da relação com o saber e a escola. Hoje em dia, para que as crianças vão à escola? Para "passar de ano" e "ter um bom emprego mais tarde". De certa forma, isso é realismo. Só que há cada vez mais alunos que vão à escola *apenas* para passar de ano e que nunca encontraram o saber como sentido, como atividade intelectual, como prazer. A ideia básica da teoria do capital humano, de que a educação é um capital que traz benefícios para a vida profissional, não é apenas uma ideia dos capitalistas, é também a ideia predominante na mente dos jornalistas, dos políticos, quer de esquerda, quer de direita, dos pais e dos próprios alunos. Assim cresce o descompasso entre o que a escola oferece e o que os alunos e os pais esperam dela e, portanto, aumentam as dificuldades dos docentes.

Já naquela época falavam, e ainda se fala hoje, de "crise da escola". Na verdade, se fosse uma *crise*, a doente já estaria morta faz tempo! Trata-se de outra coisa: a escola contemporânea é permeada por contradições estruturais. Enquanto a escola seleciona os seus alunos, ela vive em uma situação de relativa paz; quando ela se abre a novos públicos escolares, ingressam também nela novas contradições sociais. Cada vez que acontece uma democratização em uma parte da escola, essa parte entra em "crise". Por minha parte, prefiro essa "crise" de uma escola democratizada à paz de uma escola elitista!

Essa configuração socioescolar não foi um efeito da globalização; nasceu em um momento de crescimento econômico pilotado por um Estado Nacional Desenvolvimentista, momento em que a educação e a escola também foram pensadas em uma lógica de desenvolvimento. Na década de 1980, esse Estado foi substituído pelo Estado Regulador, que remete também a lógicas econômicas, mas outras que não as dos anos 1960 e 1970. Ingressou-se na época da qualidade e da globalização.

2. Da década de 1980 para cá: novas lógicas econômicas, sociais e educacionais

Já no final da década de 1960, aparecem indícios de uma crise, a qual se torna ampla e evidente no final da década de 1970. Ela leva a uma reestruturação do sistema capitalista internacional, chamada de globalização e, ainda, a novas lógicas socioeconômicas.

Quais essas novas lógicas? Em primeiro lugar, lógicas de qualidade, eficácia e diversificação. Face à concorrência nos mercados internos e internacionais, é preciso produzir mercadorias e serviços cada vez mais atraentes pela sua qualidade e seu preço, usando máquinas e processos cada vez mais eficazes – e caros. Em outras palavras, fazem-se necessários investimentos mais pesados e menos seguros, já que há o risco de que os concorrentes coloquem no mercado produtos ainda melhores e, assim, desvalorizem os investimentos feitos. A crise é, antes de tudo, uma crise de rentabilidade do capital, que coloca o desafio da produtividade. Para proteger os seus mercados e conquistar novos, e, ainda, para evitar gastar dinheiro à toa com produtos impossíveis de serem vendidos, a empresa deve prestar atenção à qualidade do que ela produz e à eficácia dos seus processos de produção. Para tornar os seus produtos mais atraentes, ela deve, ainda, levar em conta os gostos dos clientes, a diversidade da demanda e, portanto, juntar produção em massa, que proporciona economias de escala, e diversificação do produto, que aumenta as chances de este ser vendido. Esse problema pode ser resolvido graças às novas tecnologias.

Em segundo lugar, essas novas lógicas levam a um recuo do Estado. Recua porque a concorrência entre empresas e a procura para mercados mais amplos induzem fenômenos de concentração econômica e beneficiam multinacionais, que escapam ao poder dos Estados nacionais. Recua, ainda, porque as novas lógicas impõem formas de descentralização e territorialização. Com efeito, toma-se consciência de que a melhora da qualidade, da eficácia, da produtividade e, também, a conquista de novos mercados requerem um engajamento "local". Quem sabe dos múltiplos pequenos problemas a serem resolvidos para melhorar a eficácia dos processos de produção e a qualidade dos produtos é quem participa diretamente da produção. Quem sabe quais os gostos e exigências dos clientes é quem vende o produto. Portanto, a sede da empresa deve delegar aos escalões locais decisões atinentes aos atos de produção e comercialização, reservando para si as decisões estratégicas.

Ao passo que se impõem novas lógicas socioeconômicas e se reduz o engajamento direto do Estado nos assuntos econômicos, diminuem-se as taxas de importação, abrem-se as fronteiras, estende-se a integração entre economias de vários países, integração essa que se realiza em uma lógica neoliberal e que constitui a própria globalização. Muitas vezes, consideram-se as novas lógicas como sendo neoliberais. Não há dúvida de que condizem com a ideologia neoliberal, na medida em que o destaque na eficácia fornece um argumento a favor da concorrência generalizada. No entanto, não se pode sustentar a ideia de que eficácia e qualidade sejam em si mesmas exigências neoliberais. São também características de um serviço cujos usuários são bem atendidos, seja esse serviço comercial ou público. Quando se procura um médico, espera-se que ele seja eficaz e pratique uma medicina de qualidade; quando se leva a sua criança à escola, tem-se a expectativa de que ela receba um ensino de qualidade. Não se podem recusar as exigências de eficácia e qualidade, muito menos na sociedade moderna. O problema a ser debatido é outro: o que se entende por "eficácia" e "qualidade" e quais os critérios para avaliá-las? Além disso, ao estabelecer uma equivalência entre essas lógicas e o neoliberalismo, aceita-se a ideia de que não há eficácia e qualidade fora do neoliberalismo, o que, afinal de contas, contribui para impor a tese de que o neoliberalismo é a única forma possível para uma sociedade moderna. A meu ver, eficácia, qualidade, preocupação com a diversidade e com o contexto local remetem, antes de tudo, a lógicas de modernização, ainda que possam servir, e sirvam muitas vezes, ao neoliberalismo.

Essas lógicas, implantadas pelas empresas, são adotadas pelo próprio Estado. Este não desiste do seu objetivo, que continua sendo o desenvolvimento, mas ele renuncia à ação econômica direta e se dedica à regulação das normas fundamentais e à manutenção dos equilíbrios sociais básicos: o Estado Regulador substitui o Estado Desenvolvimentista. Essa mudança do Estado não pode deixar de incidir sobre a escola, seja ela pública ou particular.

Em primeiro lugar, as novas lógicas requerem trabalhadores e consumidores mais formados e qualificados, quer para produzirem mercadorias ou serviços, quer para utilizá-los. Não se trata apenas de desenvolver competências técnicas novas, mas também de aumentar o nível de formação básica da população: o autoatendimento nos bancos e nas estações de metrô, o uso da Internet, a compra de brinquedos eletrônicos para os seus filhos, até a escolha do seu hambúrguer por combinação de várias opções ou a faxina de escritórios cheios de conexões elétricas exigem modos de raciocínio outros que não os antigos. Por consequência, faz-se necessário ampliar a escolaridade obrigatória da maioria da população até o fim do ensino médio. Aliás, pais e alunos visam a esse nível e até ao do ensino superior, para melhorar a posição do jovem no mercado de trabalho.

A escola, portanto, há de encarar um novo desafio. Apesar de não ter resolvido ainda os problemas atinentes à generalização do ensino fundamental, ela deve acolher jovens de classe popular no que era a parte mais elitista do sistema escolar: do ensino médio até o superior.

Em segundo lugar, a escola deve levar em conta as novas lógicas na sua própria organização. Passa a ser interpelada sobre a sua qualidade e avaliada repetidamente. Deve elaborar projetos, celebrar contratos, firmar parcerias, colaborar cada vez mais com o meio local etc. Essas lógicas novas atropelam o funcionamento tradicional da escola e a identidade dos seus professores. Poder-se-ia resumir o desafio novo a ser enfrentado pela escola e seus professores pela seguinte constatação. Outrora, o professor era um funcionário público, cuja função era definida por textos oficiais. Bastava-lhe cumprir as exigências dos textos, em particular quando estava sendo fiscalizado. Se os pais reclamassem dele, podia invocar aqueles textos e concluir que estava cumprindo as suas obrigações e fazendo o seu trabalho. Acabou essa época. Hoje o professor é considerado um profissional. O seu trabalho já não é, ou pelo menos não é apenas, cumprir tarefas predefinidas, é também, e antes de tudo, resolver os problemas. Pode inovar, pedir conselhos a quem quiser, mobilizar recursos locais etc.: o que importa é que ele encontre um jeito para resolver os problemas na sua classe e entregue alunos bem-sucedidos.

Mais uma vez, quero deixar claro que não estou denunciando essas lógicas. Gosto que os meus filhos tenham professores eficazes, ministrando um ensino de qualidade e sabendo resolver os problemas. O assunto é definir aquela eficácia, essa qualidade e determinar quais são os problemas a serem resolvidos. Qual o critério da qualidade? Ter boas notas? Passar de ano? Decorar conteúdos que foram memorizados sem terem sido compreendidos? Entender a vida, o seu relacionamento com os outros e consigo mesmo? É esse debate que me parece fundamental quando é colocada a questão da qualidade da escola, debate esse que remete ao aprimoramento do ensino e à modernização da formação dos jovens e da própria escola. Infelizmente, hoje em dia, o argumento da qualidade da escola serve, sobretudo, para justificar a generalização da concorrência já nas primeiras séries do ensino fundamental, às vezes no ensino infantil. Em adendo, ao falar da qualidade da escola, esqueceu-se o problema da desigualdade social face à escola e dentro da escola. Neste caso, as lógicas da eficácia e da qualidade ocultam, sim, lógicas neoliberais.

3. A globalização neoliberal e seus efeitos atuais e virtuais sobre a escola

O que é a globalização? Em se detendo ao próprio processo, sem incluir na definição suas consequências ou um julgamento de valor, a globalização é "a crescente integração das economias e das sociedades no mundo, devido aos fluxos maiores de bens, de serviços, de capital, de tecnologia e de ideias" (David Dollar, diretor das Políticas de Desenvolvimento no Banco Mundial). Trata-se, antes de tudo, de um fenômeno econômico.

A globalização é definida em primeiro lugar pela abertura das fronteiras. Essa é negociada na Organização Mundial do Comércio (OMC), na qual um país pode propor diminuir ou até suprimir as suas taxas de importação se os demais consentirem iguais esforços ou oferecerem compensações em outro domínio.

Essa abertura leva à diminuição do peso do Estado. O recuo deste é a consequência de três processos: a nova valorização do local, já analisada, a abertura das fronteiras no quadro da globalização e a constituição de blocos regionais, como a União Europeia, o Nafta (Canadá, México, Estados Unidos), o Mercosul, o Pacto Andino, a Apec (Ásia-Pacífico). Para os europeus, a constituição da União Europeia teve, até agora, mais consequências na área da educação do que a própria globalização, impulsada pela OMC.

A globalização pode também ser definida pela circulação de fluxos e pelo desenvolvimento correlativo de empresas multinacionais. Essas existiam antes da globalização, mas se tornaram ainda mais potentes com a globalização e o recuo do Estado.

Nascida como fenômeno econômico, a globalização tornou-se também um fenômeno político. Com efeito, ampara-se na ideologia neoliberal do chamado "Consenso de Washington", formulado pela primeira vez em 1989, por economistas do FMI, do Banco Mundial e do Departamento do Tesouro dos Estados Unidos, para definir a política a ser aplicada na América Latina. A ideia é de que a intensificação do comércio internacional, conforme a lei do mercado, definida pela oferta e a demanda e, portanto, livre das regulamentações estaduais, é a fonte do desenvolvimento, da riqueza para todos os países, do progresso econômico e social.

Na verdade, o que aconteceu até agora? Europa, Estados Unidos, Japão, países do sudeste asiático foram beneficiados pela abertura das fronteiras. Hoje, beneficiam-se dela alguns países emergentes, como China, Índia, um pouco Rússia e Brasil. Mas não é o caso dos Países Menos Avançados (PMA), como chamam hoje os países pouco desenvolvidos economicamente. Segundo o Programa das Nações Unidas pelo Desenvolvimento (PNUD), a discrepância entre os 20% de seres humanos mais ricos e os 20% mais pobres foi multiplicada por 2,5 entre 1960 e 1997. Do ponto de vista econômico, o neoliberalismo resumido no Consenso de Washington beneficiou alguns países, mas não atendeu aos países mais pobres e, às vezes, prejudicou-os.

Qual é a relação de tudo isso com a escola?

Até agora, a própria globalização teve poucos efeitos sobre a escola. Surtiram efeitos, sobretudo, as novas lógicas da década de 1980 e a progressão ideológica do neoliberalismo. Entretanto, a globalização produziu alguns efeitos dramáticos nos países do sul, através do FMI e do Banco Mundial. Por fim, ela poderia ter efeitos importantes através das negociações em andamento em Doha a respeito do Acordo Geral sobre Comércio de Serviços. Já falei das novas lógicas dos anos 1980. A seguir, dou algumas informações no que tange aos demais assuntos.

O neoliberalismo está progredindo na área da educação, como evidenciado por vários fenômenos.

Nos Estados Unidos, está sendo desenvolvido um dispositivo de *vouchers*. Alguns Estados locais, ou distritos escolares, já não financiam a escola, dão um *voucher* (cheque, passe, "vale") aos pais, que o usam para pagar a escola, seja ela particular ou pública. O Banco Mundial já se disse interessado por esse dispositivo.

Também nos Estados Unidos, já existem empresas de *management* das escolas públicas. Empresas privadas são contratadas pelos Estados para dirigir escolas públicas, com a ideia de melhorar a eficácia das escolas.

Desenvolvem-se, ainda, em vários países, redes de escolas particulares. Assim, no Brasil, as pessoas da classe média escolarizam os seus filhos em escolas particulares. Os filhos de professores das escolas públicas não vão para escolas públicas, vão para escolas particulares. Estas baseiam a sua publicidade nos resultados do *vestibular*, concurso para entrar na universidade. Divulgados os resultados, podemos ver faixas penduradas na entrada de certos prédios, felicitando fulano que entrou na universidade, com indicação, está claro, da escola em que estudou. Já existe no Brasil, e em outros países, um verdadeiro mercado da educação.

Crescem também, em particular no Japão e na Coreia do Sul, os cursos privados que recebem os jovens depois da escola. Quem não frequenta esses cursos tem pouquíssimas chances de ingressar em uma universidade.

Prosperam, ainda, os cursos de língua estrangeira, em especial os que ensinam o inglês ou, como dizem alguns especialistas em linguística, o "globish", isto é, o inglês usado nas trocas internacionais. Lá onde estou vivendo, em Aracaju, no Nordeste brasileiro, é interessante comparar a Aliança Francesa e a Cultura Inglesa. A Aliança Francesa acolhe os seus alunos em um velho prédio, com pequenas salas tradicionais, pouco material, uma biblioteca de tipo tradicional. A Cultura Inglesa recebe-os em um prédio moderno, com vidros grandes e todo o equipamento moderno. É a diferença entre aprender uma língua e entrar na competição internacional. Posto isso, se a Aliança Francesa tivesse equipamento moderno, não se tornaria neoliberal por isso, providenciaria aos seus alunos meios modernos de aprender uma língua...

Observa-se, igualmente, o ingresso de grandes multinacionais nas escolas. Coca-Cola, por exemplo, paga para a escola disponibilizar uma máquina distribuindo Coca-Cola. Nestlé envia material gratuito sobre o que é uma boa alimentação e Colgate interessa-se pela higiene dentária. Em plena neutralidade pedagógica, claro está... Vinte anos atrás, nem poderíamos pensar nisso. Hoje, há discussões na escola para saber se são práticas aceitáveis.

Note-se que não se trata mesmo da globalização, mas da progressão do neoliberalismo, mesmo que

EDUCAÇÃO E GLOBALIZAÇÃO: UMA TENTATIVA DE COLOCAR ORDEM NO DEBATE

sejam atualmente dois fenômenos estreitamente ligados. Outros fenômenos estão se desenvolvendo, talvez mais perigosos por serem mais ambíguos: formas de hibridação entre lógicas de serviço público e lógicas neoliberais. Por exemplo, na França, a concorrência está se desenvolvendo entre as escolas públicas, para enviarem os mais fracos para outras escolas e receberem os melhores. Também, dentro das escolas das periferias, muitas vezes há uma classe que vai receber os poucos filhos de classe média que continuam frequentando essa escola.

Para abordar os efeitos da própria globalização sobre a educação, é preciso falar das organizações internacionais: OCDE, FMI, Banco Mundial e OMC. Mas cuidado: uma organização internacional, na verdade, só tem o poder que lhe conferem os Estados que a sustentam. Às vezes, acha-se que é a organização internacional que decide. Ela toma decisões, claro, mas na lógica e, muitas vezes, conforme os interesses dos países que a mantêm, isto é, que a financiam. Atrás das organizações internacionais, é o poder do capital internacional que funciona. A Organização para a Cooperação e Desenvolvimento Econômico (OCDE) recebe 25% do seu orçamento dos Estados Unidos. No FMI, em 2005, os Estados Unidos tinham 17% dos votos, a França, 5%, a Arábia Saudita, 3,2%, a Índia, 1,9%, o Brasil, 1,4%, a Indonésia, 1%. Juntos, Índia, Brasil e Indonésia, com quase 500 milhões de habitantes, têm menos peso no FMI do que a França, com 60 milhões. No Banco Mundial, o número de votos de cada país depende do capital que ele colocou no Banco. A organização mais democrática, apesar de ser muito criticada, é a OMC, onde cada país tem um voto. A OMC não tem poder de decisão. A sua função é organizar as discussões entre os vários países e são estes que celebram contratos. Contudo, a OMC tem um poder importante: depois de um convênio ter sido assinado, a organização arbitra os conflitos e ela já decidiu a favor de países do sul, contra os Estados Unidos ou a União Europeia.

Na área da educação, o lugar mais importante para os países ricos é a OCDE. É o *thinking tank*, como dizem os norte-americanos, isto é, o reservatório para ideias. Saíram da OCDE a "reforma da matemática moderna", a ideia e a própria expressão de "qualidade da educação", a ideia de "economia do saber", a de "formação ao longo de toda a vida". A OCDE é o centro do pensamento neoliberal no que tange à educação. Não é de se admirar quando se sabe que ela foi explicitamente criada para promover a economia de mercado.

Para os países mais pobres, as organizações importantes são o FMI e o Banco Mundial. São as chamadas organizações de Bretton Woods, em referência ao lugar onde foi pensada a reorganização da economia mundial, em 1944. A missão do FMI é evitar uma crise igual à de 1929. Para tanto, ele empresta dinheiro, a curto prazo, aos países com problemas financeiros. Para saber se esses países têm condições de reembolsá-lo e para ajudá-los a criar essas condições, o FMI estabelece com eles "planos de ajustamento estrutural". Nestes, muitas vezes são feitos cortes nos orçamentos da saúde e da educação, que são gastos sem rentabilidade de curto prazo.

O Banco Mundial tem uma missão de combate à pobreza a longo prazo. Na verdade, é um grupo constituído pelo Banco Internacional para Reconstrução e Desenvolvimento (Bird) mais quatro organizações a ele associadas. É basicamente um banco, cuja função é emprestar dinheiro para amparar projetos de desenvolvimento, em particular na área da educação. Em 2004, 89 países tinham projetos financiados, pelo menos parcialmente, pelo Banco Mundial. No entanto, esse Banco não empresta dinheiro para qualquer projeto, claro está. Avalia os projetos que lhe são submetidos, de acordo com os seus próprios critérios e, também, dá conselhos aos países que pretendem ter projetos financiados. Tornou-se assim o principal consultor dos países do sul na área da educação. Ora, o Banco Mundial tem uma doutrina oficial. Pensa que a qualidade da educação é fundamental para lutar contra a pobreza, mas que não tem e nunca terá dinheiro público suficiente para desenvolver uma educação de qualidade. Daí o Banco Mundial concluir que é preciso dinheiro privado. Considera que os quatro ou cinco anos de educação primária incumbem ao Estado, mas que a educação secundária e superior deve ser paga pelos pais. Acha também que nos países pobres, em particular os da África, é preciso diminuir o salário dos professores, para reduzir a diferença entre o que eles ganham e a renda dos camponeses.

Quanto ao futuro, o assunto mais importante está sendo discutido na OMC. Após a Segunda Guerra Mundial, foram abertas negociações, chamadas de GATT, para baixar as taxas de importação e desenvolver o comércio internacional. No dia 1º de janeiro de

EDUCAÇÃO E GLOBALIZAÇÃO: UMA TENTATIVA DE COLOCAR ORDEM NO DEBATE

1995, foi criada a Organização Mundial do Comércio e assinado um Acordo Geral sobre o Comércio de Serviços (AGCS). O acordo prevê uma liberalização dos serviços em janeiro de 2005, após dez anos de discussões. No entanto, as negociações fracassaram em Seattle (1999) e Cancún (2003). Foram abertas novas discussões em Doha, as quais estão em andamento. As reuniões de Seattle e Cancún foram perturbadas pelas manifestações dos altermundialistas, opostos à globalização neoliberal. Contudo, não é essa a causa do fracasso das negociações; as dissensões dizem respeito à questão da agricultura. Estados Unidos e União Europeia já obtiveram a liberalização de muitas mercadorias industriais e de alguns serviços (telecomunicações, aviação, serviços bancários) e estão pedindo a ampliação da liberalização dos serviços, mas continuam protegendo a sua agricultura com taxas de importação e subvenções aos seus agricultores. Liderados por Brasil, Índia e África do Sul, os países pobres ou emergentes, cujos principais produtos de exportação são agrícolas, exigem uma liberalização da agricultura em troca da liberalização dos serviços.

O que aconteceria com a educação se os serviços fossem liberalizados? Depende da interpretação do AGCS e dos resultados de negociações. O acordo contempla a educação, um dos doze setores pautados. Em princípio, os serviços públicos são protegidos quando remetem diretamente à soberania do Estado. No caso das Forças Armadas, a interpretação é clara; a situação, porém, é diferente quando se trata da educação, uma vez que já existem escolas privadas. Uma interpretação estrita do AGCS poderia até proibir o Estado de conceder às escolas públicas um tratamento mais favorável do que aquele que iria dar às escolas privadas. Tal interpretação levaria à morte das escolas públicas: impossibilitado de financiar todas as escolas particulares, o Estado deveria renunciar às escolas públicas. Todavia, é apenas uma hipótese e os fatos já ocorridos são menos assustadores. Os pedidos de liberalização já depositados pelos Estados Unidos, a Austrália e a Nova Zelândia dizem respeito ao ensino superior, à formação dos adultos, aos cursos de língua e aos serviços de avaliação e não falam do ensino primário ou secundário. A lista de pedidos da União Europeia, em 2003, nada diz sobre educação. Resumidamente, existem riscos potenciais muito graves, mas, até agora, os ensinos primário e secundário não constam nos objetivos de liberalização. Os setores ameaçados são o ensino superior e a formação dos adultos.

Como já destacado, a globalização é, antes de tudo, um processo socioeconômico. Todavia, ela traz também consequências culturais, através do encontro entre culturas e do aparecimento e espalhamento de novas formas de expressão. Cabe destacar a miscigenação entre povos devido aos fenômenos de migração acrescida, a divulgação mundial de informações e imagens pela mídia audiovisual e a Internet, a ampla difusão de produtos culturais (filmes, novelas, séries televisuais, músicas), a generalização do uso do inglês ou de uma língua internacional baseada nele, em detrimento de outras línguas. As consequências culturais e até sociocognitivas desses fenômenos ainda são difíceis de serem avaliadas, mas não há dúvida de que constituem novos desafios a serem enfrentados pela escola.

Além destes fenômenos culturais, cabe destacar também que a globalização levanta a questão de um possível processo de solidarização entre os membros da espécie humana. Este é o ideal daqueles que aceitam a abertura das fronteiras, mas recusam a forma neoliberal da globalização.

4. Os altermundialistas e Educação Para Todos: o desafio de uma solidarização entre os membros da espécie humana

Marx pensava que o capitalismo era um progresso em relação ao feudalismo. Não pretendia voltar atrás, para o feudalismo, mas ultrapassar o capitalismo e chegar ao que ele chamava de comunismo. Podemos raciocinar de igual modo perante a globalização. Não se trata de voltar atrás, de fechar de novo as fronteiras. Em primeiro lugar, porque seria muito difícil fazê-lo e isso geraria uma crise econômica mundial. Em segundo lugar, porque a globalização, apesar de todos os seus aspectos negativos, tem um efeito positivo: ela tende a criar uma interdependência entre os seres humanos e evidencia a necessidade de uma solidariedade entre os membros da espécie humana e o fato de o planeta Terra ser um bem comum. Não é a abertura das fronteiras que é um problema; torna-se um problema porque acontece na lógica do dinheiro e dos países mais fortes. O problema não é a globalização, é o neoliberalismo.

Hoje em dia, há três posições perante a globalização. Em primeiro lugar, a posição dos que querem manter a situação atual. Defendem suas vantagens, seus privilégios, seus poderes ou recusam a abertura das fronteiras por não aceitarem os migrantes e, de forma geral, a figura do Outro. Por esses motivos, o Frente Nacional, partido de extrema direita na França, opõe-se à globalização com veemência.

A segunda posição consiste em aderir à atual globalização neoliberal, em nome da liberdade de iniciativa, da eficácia, da liberdade, da concorrência etc.

Na terceira posição, encontra-se o movimento "altermundialista" (Fórum Social Mundial e Fórum Mundial da Educação, ATTAC etc.), que recusa, ao mesmo tempo, o mundo atual e a globalização neoliberal, e argumenta que "um outro mundo é possível". Os altermundialistas defendem a ideia de solidarização dos membros da espécie humana e destes com o planeta Terra. Trata-se de acabar com a fome no mundo, proteger a saúde de todos, alfabetizar e educar todos os seres humanos, salvar o nosso planeta dos perigos que vêm crescendo.

O movimento altermundialista considera a educação como "um direito humano prioritário e inalienável para toda a vida". Essa ideia de direito fundamental, de direito antropológico do ser humano, é que deve ser destacada. Não basta defender a escola como serviço público, já que, hoje, privatizam-se os serviços públicos. Só uma escola pública de qualidade, porém, pode garantir o direito de todos à educação. Portanto, os altermundialistas, ao mesmo tempo, defendem a escola pública contra o neoliberalismo e a privatização e exigem uma transformação profunda dessa escola, para que ela passe a ser um lugar de sentido, de prazer de aprender, de construção da igualdade social. Consideram que a escola deve tanto valorizar a dignidade de cada ser humano e a solidariedade entre os homens, como respeitar o que pode ser chamado de homodiversidade, em referência à expressão "biodiversidade".

Cabe assinalar também o movimento internacional que levou ao atual "Programa do Milenário". Em 1990, a Conferência Mundial de Jomtien definiu como objetivo universalizar o ensino primário e acabar com o analfabetismo no final do ano 2000. Nesta data, o Fórum de Dacar constatou que ainda havia 113 milhões de crianças que não frequentavam a escola primária (entre elas, 60% de meninas) e 880 milhões de analfabetos, em particular entre as mulheres. Foi reafirmado o objetivo de Educação Para Todos (EPT), a ser atingido, no mais tardar, no ano de 2015, o que exige um esforço particular para escolarizar as meninas. Em 2002, uma Cimeira das Nações Unidas, definindo os Objetivos do Milenário para o Desenvolvimento, adotou as metas formuladas em Dacar no que tange à educação. Entretanto, já se sabe que, com o ritmo e o investimento atuais, esses objetivos não podem ser atingidos.

Por mais diferentes que sejam o movimento alter-mundialista e os programas das Nações Unidas, ambos esboçam um horizonte de solidariedade e de respeito aos direitos humanos fundamentais. Essa lógica se opõe à da globalização neoliberal. Entretanto, ambas as lógicas têm em comum a convicção de que o cenário da história humana, de agora em diante, é o próprio mundo. Talvez seja isso o principal evento do final do século XX, com numerosas e profundas consequências no que diz respeito aos rumos que a cultura e a educação hão de tomar.

5. Conclusão

Quatro são os desafios que a escola há de enfrentar devido às evoluções da sociedade contemporânea.

Por tal sociedade ter-se dado como objetivo prioritário, o desenvolvimento econômico e social, que requer um maior nível de formação da população, a escola deve resolver os problemas oriundos da democratização escolar. Entre esses problemas, cabe destacar o da nova relação com o saber: há cada vez mais alunos que vão à escola apenas para "passar de ano", sem encontrar nela sentido nem prazer.

Pelo fato de a sociedade contemporânea priorizar as lógicas de qualidade e eficácia, a escola deve atender a novas exigências. Essas não são em si abusivas, mas resta saber o que significam as palavras "qualidade" e "eficácia" quando referidas à escola. Pode esse sentido ser muito diferente em uma lógica do diploma e da concorrência e em um projeto de verdadeira formação para todos.

Por ser a sociedade contemporânea envolvida em um processo de globalização neoliberal, a educação tende a ser considerada como uma mercadoria entre outras, em um mercado "livre" no qual prevalece a lei da oferta, da demanda e da concorrência. Em tal situação, a escola pública sofre numerosos ataques, que poderiam se tornar ainda piores quando as negociações de Doha sobre a aplicação do Acordo Geral sobre o Comércio dos Serviços saírem do impasse atual.

Por ser o mundo hoje mais aberto e mais acessível nas suas várias partes e culturas, a escola há de encarar novos desafios culturais e educativos, decorrentes dos encontros entre as culturas, da divulgação mundial de informações e imagens e da ampla difusão de produtos culturais em língua inglesa. Entretanto, talvez o desafio seja até mais profundo: a interdependência crescente entre os homens, gerada pela globalização, e, ainda mais, o ideal de solidarização entre os seres humanos e entre estes e o planeta, permeando o altermundialismo, requerem uma nova dimensão da educação, em que se combinem uma sensibilidade universalista e o respeito à homodiversidade.

Há de encarar esses desafios uma escola que manteve a forma escolar estabilizada no século XVII, uma escola cujos conteúdos se sedimentaram no fim do século XIX e no início do século XX. O fato de o horizonte ser hoje o futuro da espécie humana e do planeta Terra, as novas tecnologias de divulgação da informação deveriam levar a uma redefinição dos conteúdos e das formas de transmissão, de avaliação e de organização da escola. Não é isso, porém, que está acontecendo, muito pelo contrário. Com efeito, a lógica neoliberal da concorrência tende a reduzir a educação a uma mercadoria escolar a ser rentabilizada no mercado dos empregos e das posições sociais e isso faz com que formas de aprendizagem mecânicas e superficiais, desconectadas do sentido do saber e de uma verdadeira atividade intelectual, tendam a predominar. Observa-se hoje uma contradição entre os novos horizontes antropológicos e técnicos da educação por um lado e, por outro, as suas formas efetivas. Atrás da contradição social, desenvolve-se uma contradição histórica: a sociedade globalizada trata o saber como um recurso econômico, mas requer homens globalizados instruídos, responsáveis e criativos. Talvez essa contradição seja um dos motores da História no século que acaba de abrir-se.

Capítulo II

Trabalho e educação: abordagens antropológica e sócio-histórica

Trabalho e educação: abordagens antropológica e sócio-histórica

Para se entender a questão das relações entre trabalho e educação em toda a sua amplidão, é preciso levantá-la em uma problemática sócio-histórica e com uma abordagem antropológica. A primeira aponta para o fato de que essas relações nunca estão fora do tempo, das relações econômicas, sociais e de poder e, portanto, sempre expressam interesses socioeconômicos, incluídos interesses pontuais, corporativistas etc. Entretanto, é necessária também uma abordagem filosófica, tendo em vista que trabalho e educação são dois processos antropológicos fundamentais, pelos quais o filhote de homo sapiens *se torna ser humano. A espécie humana não existiria, com toda a sua especificidade, se não trabalhasse e, graças a esse trabalho, humanizasse a natureza, construísse um mundo humano e mudasse a própria espécie e suas condições de sobrevivência. Tampouco existiria se não pudesse, graças à educação, transmitir os avanços de cada geração para a geração seguinte e, assim, substituir aos poucos ou completar a evolução biológica por uma evolução cultural.*

Por mais diferentes que sejam, essas duas abordagens não são alheias uma à outra, uma vez que as posições e escolhas filosóficas se expressam implícita ou explicitamente nos debates sócio-históricos. Em particular, as representações e concepções do trabalho ecoam nos debates sobre educação e nas posturas pedagógicas.

Começaremos pela questão antropológica e, a seguir, esboçaremos um panorama sócio-histórico com base nas várias formas como o Estado moderno ligou educação e trabalho.

1. A questão antropológica: do trabalho como castigo e servidão ao trabalho como fundamento da dignidade e da liberdade humanas

Na narrativa bíblica da Queda do Homem, Deus, ao mandar Adão e Eva fora do Paraíso, condenou-os, entre vários castigos, a trabalharem e se cansarem para se sustentarem. O trabalho nesta Terra é um castigo, uma maldição. Essa ideia não é especificamente cristã; encontra-se também na filosofia grega, outro pilar do pensamento ocidental. Platão hierarquiza o mundo conforme um eixo vertical, com as coisas sensíveis embaixo e as Ideias em cima. O trabalho da educação consiste em desprender a alma do mundo sensível e tornar "o olho da alma" para o mundo das Ideias. Entretanto, nem todos podem alcançar as Ideias. Há três partes na alma e cada uma pode ser relacionada a uma classe de cidadãos: a razão, isto é, a sabedoria, caracteriza o rei, que deve ser filósofo; o ânimo, ou seja, a coragem, a vontade, define os guerreiros, a quem incumbe defender a cidade; o apetite, o desejo, caracteriza os artesãos e comerciantes, encarregados do trabalho material, utilitário. Existe uma hierarquia entre essas três classes, evidentemente. Quem trabalha trata das coisas sensíveis, baixas, materiais, ligadas ao corpo, o qual é a prisão da alma; portanto, ocupa o lugar mais baixo na sociedade e não precisa de muita educação. Educar é livrar a alma do mundo sensível, da dominação pelo apetite e, portanto, afastá-la do trabalho utilitário. Por conseguinte, a quem é educado não cabe trabalhar, pelo menos no sentido comum da palavra.

Essa postura para com o trabalho reflete a realidade socioeconômica. Quem trabalha é dominado: como escravo, servo, camponês, operário. Não recebe educação além das bases e, às vezes, nem a própria educação básica; ao escravo, é proibido ensinar a ler e, ainda no século XVIII, o próprio Voltaire, apesar de seu Iluminismo, sustentava que não se deve ensinar o latim àquele a quem incumbe puxar o arado. Ao contrário, quem recebe mesmo uma educação formal não é destinado ao trabalho ou, pelo menos, não se dedica a um trabalho braçal.

Queira ou não queira, a Filosofia clássica proporciona argumentos àqueles que desprezam o trabalho material e, afinal de contas, qualquer forma de trabalho que não seja a atividade intelectual ou, melhor ainda, a contemplação da verdade. Houve exceções, particularmente Spinoza, que deu outro estatuto filosófico à natureza, às paixões etc. – Spinoza que fugiu igualmente à norma por ser artesão (fabricava óculos). Na maioria das Filosofias clássicas, porém, a mais alta e nobre atividade humana é a da Razão, a qual deve se desprender das emoções, das paixões, das atrações mundanas. Seria apenas um pequeno exagero dizer que a educação permite escapar do mundo em que é preciso trabalhar.

Assim foi estruturada, por uma Filosofia que cumpriu também uma função ideológica, a relação entre educação e Trabalho até, pelo menos, o fim do século XVIII. Já no Iluminismo, Diderot e D'Alembert dedicam muito espaço ao artesanato na sua célebre *Encyclopédie*, "Dicionário Raciocinado das Ciências, das Artes e *dos Ofícios*". A burguesia, que já tinha conquistado o poder econômico, estava subindo para o poder político e ideológico. Ora, quer ele trabalhe quer ele mande outros trabalharem para ele, o burguês valoriza o trabalho, base da acumulação de riqueza no sistema capitalista. Entretanto, no pensamento ocidental, foram, antes de tudo, Hegel e, na sua esteira, Marx, que mudaram fundamentalmente o estatuto filosófico do trabalho e, portanto, a problemática das relações entre trabalho e educação.

Com a dialética do Mestre e do Escravo, apresentada na sua *Fenomenologia do Espírito*, Hegel renova a problemática do Trabalho, ainda que essa figura seja apenas um momento no desenvolvimento do Espírito. Entre o Mestre e o Escravo existe uma relação dialética, no sentido conferido a essa noção por Hegel: a relação entre dois conceitos é dialética quando, ao mesmo tempo, esses são contraditórios, mas não pode ser pensado um sem outro; a dialética é o movimento pelo qual esses conceitos se confrontam e a contradição entre eles passa a ser ultrapassada. Assim, não se pode pensar um mestre sem, no próprio momento em que se pensa nele, pensar, ao mesmo tempo, que é mestre de alguém e, simetricamente,

> Grifo nosso.

não se pode conceber um escravo sem considerar que ele tem um mestre: os dois conceitos são contraditórios, mas para pensar um deles há de se contemplar também o outro. A dialética entre os dois é a seguinte. No primeiro momento, o mestre é todo poderoso e o escravo completamente dominado e, sendo assim, aquele impõe a este tudo o que ele quer: o escravo tem de trabalhar para o mestre, que pode curtir a vida sem esforço. Essa situação, porém, leva o escravo a adquirir saberes, a construir competências e chega um momento em que o mestre, a quem faltam esses saberes e competências, já não pode sobreviver sem o escravo. De certa forma, caiu na dependência do seu escravo. Essa dialética, que bem descreve, do ponto de vista histórico, a subida da burguesia nas suas relações com a aristocracia, interessa-nos aqui pelo significado que confere ao trabalho. Permanece este uma obrigação, um marco de dominação e sujeição: é o escravo que trabalha. Mas passa também a ser um processo de libertação: quem trabalha se forma e, por isso, ganha poder, dignidade, liberdade. O trabalho é ao mesmo tempo dependência, luta e conquista. Levantada assim, a questão da relação entre trabalho e educação é colocada sob uma forma muito diferente da que ela toma na filosofia clássica.

Para Hegel, essa dialética é um momento do desenvolvimento do Espírito. Para Marx, ela torna-se o motor da História, enquanto dialética entre classes sociais. Marx começou por desenvolver uma abordagem antropológica, antes de tudo nos chamados *Manuscritos de 1844* e, a seguir, privilegiou uma perspectiva socioeconômica, em particular em *O Capital*.

Conforme o que explica Marx nos *Manuscritos Econômico-Filosóficos*, escritos em 1844, o trabalho é o fundamento da espécie humana. Essa ideia é essencial por ser a base do materialismo dialético e histórico. Ao contrário das formas anteriores, o materialismo de Marx é dialético: o fundamento não é a própria matéria, é o trabalho, pelo qual o homem transforma a matéria. Entre o homem e a natureza, há uma relação dialética: são contrários, mas, pelo trabalho do homem, a contradição pode ser ultrapassada. Com efeito, o trabalho muda a natureza, que vira natureza humanizada e, ao mesmo tempo, muda o homem, como já entendeu Hegel. Marx chama de *práxis* esse processo pelo qual o homem transforma a natureza e, nessa ação, se transforma a si mesmo. Em outras palavras, o trabalho forma a natureza, no sentido em que lhe dá uma forma, que é a marca do homem e forma o homem, no sentido em que lhe confere, ao longo da História, novas capacidades e conhecimentos. Assim, no decorrer da História, a natureza e o homem deixam de ser "naturais" e viram produtos correlativos da práxis humana, isto é, do trabalho do homem. Dialético, o materialismo de Marx é também histórico: é a espécie humana, coletivamente, ao longo da História, que muda a natureza e a própria humanidade.

Trata-se da História mesma, como sucessão de épocas, eventos etc. O que era dialética entre conceitos em Hegel vira, em Marx, dialética entre classes sociais enquanto realidades históricas. Como diz a primeira frase do *Manifesto comunista*, a História é a da luta entre classe dominante e classe dominada, cujos nomes são, no regime capitalista, "burguesia" e "proletariado".

A classe dominada trabalha, ao passo que a classe dominante possui os instrumentos de produção e, por isso, explora o trabalho daquela. Apesar de carregar o marco da humanidade, isto é, o trabalho, o proletariado, ao longo da História, sofre o trabalho como exploração, servidão, dominação. Sendo assim, o homem, isto é, o proletário, mas também o próprio burguês, que fica igualmente afastado do fundamento da humanidade, uma vez que não trabalha, é "alienado", ou seja, não se reconhece a si mesmo no mundo criado pelo homem. No regime econômico e político sem classes que Marx chama de "comunismo", o trabalho reverte a sua essência: um processo criativo, sustentado pela imaginação humana.

De certa forma, Marx inverte o mundo de Platão: o trabalho deixa de ser o grau mais baixo da situação humana e vira o fundamento da humanidade; a natureza deixa de ser o que afasta o espírito das Ideias de Bem, de Bom e de Belo e torna-se a protagonista do homem na sua construção de si e de uma natureza humanizada; a educação já não se opõe ao trabalho, mas o supõe. Resta, entretanto, que o trabalho na sua forma socioeconômica real, quer seja na época de Marx, quer seja na nossa, é um trabalho dominado, alienado. Pode esse trabalho ser a base da educação? Embora o trabalho seja fonte de criação, de liberdade, de dignidade e da própria humanidade, as formas socioeconômicas reais do trabalho fazem com que ele permaneça, pelo menos, um problema e, às vezes, uma maldição. Os marxistas e o próprio Marx tiveram de enfrentar essa contradição: enquanto fundamento antropológico da humanidade, o trabalho deve ser a base da educação; entretanto, há de se preservar a criança do trabalho explorado e alienado imposto pelo capital.

2. Trabalho e educação: quatro posturas para pensar a relação

Ainda vale a pena relembrar Platão, Marx e essas elaborações filosóficas? Vale, até é preciso fazê-lo, tendo em vista que, de forma consciente ou inconsciente, explícita ou implícita, essas representações contraditórias do trabalho e da sua relação com a educação continuam baseando posturas teóricas e práticas, elas mesmas contraditórias umas com outras, na área da Educação e da Pedagogia. Podemos identificar pelo menos quatro posturas.

Primeira postura, no polo que poderia ser chamado de platônico: deve o educando ser livrado do trabalho. Há muitos indícios dessa postura, ora antigos, ora contemporâneos. A própria palavra grega *skholê*, que originou no português "escola", significa "lazer": a escola é um lugar de lazer porque nela a criança tem (ou deveria ter...) tempo para estudar, refletir, tentar, ensaiar-se, sem sofrer a pressão que experimenta no trabalho. O filósofo francês Alain, no século passado, dizia que o aluno pode tentar, à diferença do aprendiz, o qual não deve desperdiçar nem matéria nem tempo; e, acrescentava Alain, só aprende quem pode tentar e errar.

Também se considera, desde o início da Revolução Industrial, que a criança deve ficar livre do trabalho produtivo e matriculada em uma escola. Na Inglaterra em 1802 e 1833, na França em 1841, foram votadas leis para regulamentar o trabalho das crianças, pôr fim a situações em que se encontravam crianças com cinco anos de idade nas minas ou jovens que trabalhavam nas usinas mais de doze horas por dia. Foi proibido o trabalho das crianças com menos de oito anos (França) ou nove anos (Inglaterra), limitado a oito horas por dia o trabalho das crianças na faixa etária de oito a doze anos na França e, na Inglaterra, restrito a nove horas por dia o trabalho na faixa etária de nove a treze anos; foi decretada a obrigação de enviar à escola, depois do trabalho, as crianças com menos de doze anos (França) ou treze anos (Inglaterra). No entanto, quando foi organizada e generalizada a escola primária obrigatória, demorou para vencer a resistência dos camponeses, cujos filhos proporcionavam uma mão de obra valiosa.

Hoje em dia, o Brasil está tentando resolver o mesmo tipo de problema com a Bolsa-Escola e não é tão fácil assim: depois de a Bolsa-Escola ser integrada na Bolsa-Família, os pais tendem a esquecer a contrapartida que constitui a obrigação de enviar os filhos para a escola. Cabe ressaltar que não houve debate algum a respeito da legitimidade de tirar as crianças do trabalho para enviá-las para a escola: perante o trabalho não qualificado, muitas vezes malsão e abusivo, a que se dedicam as crianças, pareceu evidente a todos que se deve livrar as crianças do trabalho e ainda o parece. Aliás, essa ideia de que se deve sair do lugar de trabalho para receber uma formação domina também a área da formação dos adultos.

Essa ideia nem sempre foi evidente. Com efeito, no polo oposto, encontra-se outra postura, que podemos chamar de *proudhoniana*, em referência ao socialista

Proudhon, arauto da ideologia artesanal, cujas ideias dominaram o movimento socialista e revolucionário até que o marxismo predomine. O princípio básico é simples e categórico: é no ateliê que se educa e só nele se pode educar, uma vez que somente nele se encontram, ao mesmo tempo, as habilidades do ofício e os valores da classe operária. Fora do trabalho e do ateliê ou da oficina, não há educação valiosa, há só aquela que a burguesia e a tirania tentam impor ao povo para mantê-lo sob dominação. Portanto, Proudhon não aceita a escola primária "do povo", denunciada por ele como a escola para dominar o povo. Aliás, igual foi a primeira posição de Marx e dos marxistas: não é o Estado que deve educar o povo, disse Marx, é o povo que deve educar o Estado. Encontra-se aí uma suspeita que atravessa a história desde o século XIX: a de que não seja o trabalho que atrapalhe o processo educativo, mas, ao contrário, a educação, na sua forma escolar, que se afaste do trabalho, desconheça o seu valor, ou, pelo menos, não prepare convenientemente para o trabalho.

Na antiga União Soviética, a ideia de escola baseada no trabalho foi defendida por vários autores, entre os quais o mais importante é Pistrak, que publicou em 1924 um livro intitulado *Fundamentos da Escola do Trabalho*. Não foi a ideologia pedagógica dominante da ex-União Soviética, mas essa ideia de educação fundamentada no trabalho se espalhou por outros lugares e, no Brasil, Pistrak é um dos principais autores de referência do Movimento dos Trabalhadores Rurais Sem Terra. Cabe também evocar aqui Paulo Freire, cuja própria ideia de conscientização implica que a emancipação pela alfabetização e educação não seja uma ruptura com o mundo da vida cotidiana e do trabalho. Cabe, ainda, mencionar o dispositivo *Nouvelles Qualifications* (Novas Qualificações), concebido, experimentado e implantado na França por Bertrand Schwartz, no final da década de 1980 e na década de 1990: jovens alérgicos à escola foram formados com sucesso, enquanto coletivo de trabalho eficaz, através de uma reflexão acerca dos disfuncionamentos cotidianos no seu processo de trabalho (Schwartz, 1993). Encontra-se novamente aqui a ideia *proudhoniana* de que o exercício de um trabalho e a reflexão sobre ele formam, educam. Essa ideia permeia igualmente a pedagogia da alternância entre escola e lugar de trabalho, considerada por alguns um recurso imprescindível para formar profissionais, tendo em vista que se aprende no decorrer do trabalho cotidiano coisas impossíveis de serem aprendidas no ensino formal.

Entretanto, a sociedade contemporânea envia as crianças para a escola e é dentro do próprio universo escolar que apareceram e, às vezes, se desenvolveram, pedagogias valorizando o trabalho ou, pelo menos, uma postura ativa frente à vida e à educação.

A postura da pedagogia de Célestin Freinet aproxima-se da sustentada por Pistrak: "Segura, sólida nas suas fundações, móvel e flexível na sua adaptação às necessidades individuais e sociais, a educação encontrará o seu motor essencial no trabalho" (Freinet, 1967). Como Pistrak, Freinet considera o trabalho uma fonte de educação; como ele, pensa que deve ser um trabalho coletivo e com um sentido fora do universo escolar. A principal diferença é que a escola de

Tradução nossa.

Pistrak, com uma oficina onde se trabalham metais e madeira e com a preocupação de ensinar uma introdução à técnica de produção no mundo moderno, articula-se mais à produção social fora da escola, enquanto a classe de Freinet, apesar da preocupação com a socialização do trabalho dos alunos, visa, sobretudo, à aprendizagem da vida coletiva e à apropriação de saberes escolares com base em atividades que tenham um significado fora da escola. O trabalho típico da classe Freinet é o uso da imprensa para imprimir o jornal da classe, trabalho esse que permanece no campo da palavra, ainda que seja a palavra materializada por sinais tipográficos. Poder-se-ia falar de uma transposição didática do trabalho na pedagogia de Freinet: é trabalho mesmo, mas foi adaptado para produzir efeitos educativos e essa é sua principal função. Freinet insiste nos "sentimentos que deveremos levar muito em conta quando tivermos de precisar as normas da atividade infantil: objetivo claramente visível, caminho já percorrido fácil de avaliar, autonomia relativa na realização, tendo em vista as exigências adultas, satisfação de si e aprovação pelos que nos cercam" (Freinet, 1967). Em Freinet, como em Pistrak, o trabalho é considerado fundamento da humanidade, mas Freinet continua protegendo as crianças das formas do trabalho social "real" da época e apoia também a sua pedagogia em uma ideia da natureza da criança a ser respeitada, enquanto Pistrak engaja mais os jovens no trabalho produtivo, talvez por participar de uma tentativa revolucionária para redefinir relações sociais, relações de produção e formas de trabalho.

> Ou, em uma forma mais atual, o uso do computador.

A quarta postura que merece atenção é a do chamado construtivismo, que passou a ser, pelo menos no Brasil, a postura "pedagogicamente correta". Poder-se-ia contestar que ainda se trate de relação entre trabalho e educação, uma vez que, do trabalho, permanece a ideia de atividade, de obstáculos a serem ultrapassados, de problema a ser resolvido, mas sumiu o confronto com a matéria e que o processo se desenrola por inteiro no mundo da intelectualidade. Contudo, a materialidade tende a esmaecer-se do próprio trabalho produtivo contemporâneo à medida que, entre o trabalhador e seu produto, se estende a mediação pelo computador e pelos dispositivos eletrônicos. Além disso, quando ele colocava o trabalho no fundamento da humanidade, o próprio Marx destacava o seu valor de criação e de imaginação, ressaltado também pelo construtivismo.

À concepção platônica da verdade como contemplação das Ideias, o construtivismo substitui a ideia piagetiana da atividade como fonte das estruturas intelectuais e, sobretudo, a concepção *bachelardiana* da formação do espírito por um trabalho de retificação permanente. Já Platão sabia que é necessário caminhar para atingir a verdade, mas, para ele, esta existia independentemente da tentativa para alcançá-la, sob a forma de Ideias eternas. Na epistemologia *bachelardiana*, ao contrário, a verdade é construída pelos homens, no decorrer da História, através da superação dos obstáculos epistemológicos. Sempre é primeiro o erro, porque é primeira a vida, cuja lógica não é a da racionalidade científica. Portanto, a verdade é o resultado de um trabalho demorado, penoso, coletivo, de retificações sucessivas, ao longo da História (Bachelard, 1996). Trata-se mesmo de um trabalho, em que o espírito deve enfrentar resistências, obstáculos; estes, porém, decorrem da própria atividade do espírito em um estágio anterior da sua história. Portanto, ao mesmo tempo que ele constrói a Ciência, o espírito científico constrói-se a si mesmo, no que poderíamos chamar de práxis científica, por analogia com Marx.

Do ponto de vista pedagógico, essa concepção da formação como trabalho do espírito, enraizada em Bachelard, Piaget, mas também em vários pedagogos (Pestalozzi, Locke etc.), leva à corrente "construtivista", ou, melhor, *às* correntes rotuladas como construtivistas: a educação não consiste em transmitir conhecimentos acabados, mas em propor aos alunos situações e problemas que desencadeiem uma atividade intelectual que, com a ajuda do professor, leve ao conhecimento. Em outras palavras, a educação é o resultado de um trabalho intelectual do educando.

Proudhon sustentava a ideia de que o trabalho em si é uma educação; o construtivismo considera que a educação em si é um trabalho. Entretanto, essas sínteses requerem uma definição restrita dos termos. A educação abrange muito mais coisas do que as que podem ser adquiridas no ateliê do artesão ou, de forma mais geral, no "chão" do lugar de trabalho. Também, por mais importante que seja a atividade de criação, de imaginação, de retificação no trabalho, as formas sociais concretas do trabalho ultrapassam essa atividade.

Para prolongar a nossa análise, precisamos ir além da abordagem antropológica e levantar o problema das relações entre determinadas formas de educação e determinadas formas de trabalho ao longo da História. Por ser essa uma tarefa impossível de cumprir no quadro de um artigo, vamos deter-nos às três principais formas dessas relações na História moderna.

3. A abordagem sócio-histórica: educação e trabalho no Estado Educador, no Estado Desenvolvimentista e no Estado Regulador

Poder-se-ia dizer que a construção dos sistemas escolares contemporâneos foi realizada em três etapas nos países do chamado Primeiro Mundo: o Estado Educador construiu a escola primária para todos, o Estado Desenvolvimentista generalizou o ensino fundamental, o atual Estado Regulador precisa universalizar o ensino médio. Em cada uma dessas figuras, a relação entre educação e trabalho, cada vez diferente, é fundamental para se entender a forma do Estado.

> São formas do Estado que se encontram no decorrer da História moderna. No entanto, estamos apresentando-as de modo esquematizado, estilizado, idealizado e, portanto, podem ser consideradas como ideal-tipos, no sentido de Weber.

Nos países "emergentes" como o Brasil, a situação é mais complexa, já que devem finalizar a alfabetização do povo, enfrentar graves problemas de qualidade no ensino fundamental, sobretudo nas escolas públicas, e desenvolver o ensino médio. Em outras palavras, um país como o Brasil tem de resolver ao mesmo tempo problemas dos Estados Educador, Desenvolvimentista e Regulador. Por um lado, isso complica a sua situação, mas, por outro, essa defasagem lhe proporciona recursos, como televisão, computador, pesquisa educacional etc., que não existiam quando os países do Primeiro Mundo tiveram de enfrentar os mesmos problemas. Em todo o caso, a análise das relações entre trabalho e educação nas três formas de Estado clareia o assunto, sejam essas formas distribuídas em sequência temporal ou sejam um tanto misturadas.

O Estado pode ser considerado Educador quando prioriza a inculcação de valores comuns, não apenas como finalidade da escola, mas também como fundamento da nação ou da comunidade e do próprio Estado. Pode o Estado assumir ele mesmo essa função de inculcação, como na França do final do século XIX e início do século XX, a qual representa o modelo mais acabado de Estado Educador. Pode também delegar essa função às comunidades que estruturam a vida social do país, como nos países de língua inglesa. O ponto principal é que a escola se dedica à divulgação e inculcação de valores, inclusive através do ensino de disciplinas e da própria organização da escola.

Essa configuração político-educativa repousa sobre uma aliança de classes. A classe aristocrática, a burguesia truculenta ou coronelista não apostam na educação do povo. Quem tem fuzis não precisa de escolas, dizia Thiers, famoso por ter esmagado no sangue a Comuna de Paris. A burguesia modernista, porém, investe na educação para "moralizar o povo", como diziam no século XIX, e foi ela que construiu e generalizou a escola primária (Charlot: Figeat, 1985). Como já mencionado, o movimento operário, socialista, revolucionário começou por resistir a esse empreendimento, quer seja na corrente proudhoniana ou marxista. Mas ele também teve de disciplinar o povo para organizar lutas e construir grandes organizações e, além disso, a partir do início do século XX, foi animado por operários qualificados, que valorizam o saber. Logo, foi concluída uma aliança entre a burguesia modernista, por um lado e, por outro, o movimento sindical e socialista moderno, aquele que aceitava as máquinas novas, como o torno mecânico e a fresadora e a grande indústria.

Ambas essas frações de classes, burguesia modernista e movimento operário organizado, tinham e ainda têm igual respeito ao trabalho e à dignidade do trabalhador e, portanto, podiam colaborar para uma escola onde o trabalho era sempre louvado, fosse o do artesão, do camponês ou do próprio aluno. Entretanto, aliadas no respaldo à escola pública, elas eram adversárias, às vezes inimigas, no mundo da produção. Portanto, a escola podia e devia enaltecer o trabalho como valor, evocar o trabalho do pequeno camponês ou do artesão, mas não podia falar das usinas ou das formas modernas de exploração do trabalho e, muito menos, articular-se com os lugares de trabalho. Geneticamente, isto é, na lógica social da sua construção, a escola pública do Estado Educador celebra o trabalho enquanto valor, mas fica afastada, ideológica e organizacionalmente, do trabalho social real, lugar de conflitos. Todavia, quando a aliança de classe compartilha também o poder nas usinas, como aconteceu, pelo menos parcialmente, na Alemanha, a escola do povo pode integrar a questão do trabalho real, como é o caso na *hauptschule* alemã.

No Estado Educador está produzida certa síntese entre a postura que considera o trabalho como fundamento da educação e aquela que quer proteger a criança dos perigos e das crueldades do trabalho na sociedade moderna. Essa síntese, porém, realiza um equilíbrio entre posturas contraditórias, sem ultrapassar a contradição.

Quando as sociedades contemporâneas começaram a priorizar a questão do desenvolvimento, nas décadas de 1950 e, sobretudo, de 1960, mudou a lógica das relações entre trabalho e educação. O Estado não renunciou a uma escola que inculca valores, mas, daí para diante, ele conferiu outra missão primeira à escola: contribuir para o desenvolvimento econômico.

Tratou-se de elevar o nível de formação básica da população, para que ela pudesse ingressar em novos modos de produção e, também, de consumo. Fez-se necessário, ainda, formar os professores, engenheiros, técnicos, médicos, enfermeiras, operários qualificados etc. imprescindíveis nos novos padrões da vida econômica e social. Para tanto, a sociedade precisou da escola. Passou a ser considerado básico o nível de fim do ensino fundamental e cresceram os ensinos médio e superior.

Entretanto, foram implementados vários modelos de organização produtiva e social e, portanto, várias formas de articulação entre a escola e a vida socioeconômica. A Alemanha priorizou o operário qualificado como fundamento do desenvolvimento e, por isso, valorizou a formação profissional e técnica. A França adotou o tripé executivo – técnico – operário sem qualificação e, nessa lógica, implementou um modelo escolar bastante hierarquizado. Os países do sudeste asiático começaram por explorar uma mão de obra pouco qualificada, dócil e barata e, a seguir, apostaram na formação da população toda a nível do ensino médio. Seja qual fosse o modelo, o nível de entrada e permanência no mercado de trabalho passou a depender bastante do nível alcançado pelo indivíduo na sua escolaridade. A função de articulação entre ambos os níveis foi atribuída ao diploma, atestando a formação e abrindo as portas do emprego. No Estado Desenvolvimentista, a ligação entre trabalho e educação é realizada, definida, garantida pelo diploma – ou pela ausência dele.

Esse modo de articulação, claro, induz efeitos no funcionamento da própria escola. Esta se torna cada vez mais um lugar de competição entre alunos e, nela, os processos e modos de avaliação tendem a determinar, por um processo de *feedback*, os conteúdos e as formas de ensino. Por exemplo, no Brasil, a existência do vestibular e a avaliação por questionário de múltiplas escolhas, implantada a partir dele, são as chaves de inteligibilidade do ensino brasileiro, embora este seja organizado por textos (LDB e PCN) cuja orientação pedagógica e social é muito diferente da lógica do vestibular e do seu modo de avaliação – o que leva o Brasil a essa situação paradoxal de ter ótimas diretrizes educacionais oficiais e péssimos norteadores das práticas escolares reais. De forma mais geral, nesse modelo de sociedade, de escola e de articulação entre trabalho e educação, mudou profundamente a relação com o saber e com a escola: no mundo inteiro se tornou "evidente", nas representações dos alunos, dos seus pais, dos jornalistas, dos políticos etc., que se vai à escola para "ter um bom emprego mais tarde" (Charlot, 2000, 2001, 2005). Entra-se para a "sociedade do conhecimento" com mentes valorizando mais o diploma do que o próprio conhecimento – o que aumenta o risco de que seja uma sociedade da informação mais do que uma sociedade do saber.

Esse modo de articulação entre educação e trabalho induz também efeitos no mercado de trabalho. Hoje em dia, a formação, que era e permanece um direito fundamental do ser humano, e o diploma, que supostamente protege o trabalhador contra uma exploração exagerada da sua força de trabalho, viraram a maldição dos mais fracos: quem pouco frequentou a escola ou nela fracassou, quem não completou o ensino médio, quem não tem diploma não consegue emprego. E, na sociedade urbanizada desenvolvida, quem não encontra emprego não tem como se sustentar, criar uma família, manter uma "vida normal".

No Estado Desenvolvimentista, a educação, isto é, na verdade, o diploma, torna-se uma condição para trabalhar, e quem nem tem emprego é excluído da vida social considerada "normal".

Entretanto, cabe assinalar que, com a crise financeira do fim do ano de 2008, a questão das relações entre economia e Estado está de novo em debate, em particular na América do Sul.

Hoje em dia, o Estado continua visando ao desenvolvimento socioeconômico, mas o Estado diretamente Desenvolvimentista tende a ser substituído pelo Estado Regulador. Este segue estabelecendo as regras básicas da vida socioeconômica, mas já não dirige a produção, diminui as suas intervenções assistencialistas e, de modo mais geral, faz-se menos intervencionista e mais discreto. Pode-se dizer que é o Estado do neoliberalismo e da globalização, tendo em vista que ele deixa a sociedade funcionar conforme as "leis do mercado" e desiste de cumprir as funções do Estado de Bem-Estar Social (*Welfare State, État-Providence*).

Pode-se considerar também que a complexidade da sociedade contemporânea e a impossibilidade de ficar fora da globalização impossibilitam a manutenção das formas tradicionais de intervenção estatal. Não é apenas o Estado que mudou seus modos de atuação e gestão, são também as grandes organizações, as instituições, as empresas que adotaram novas formas de *governação*, ou *governança* – traduções em português do inglês *governance* e do francês *gouvernance*.

A mudança fundamental, de que decorreram as demais, deu-se na vida econômica, na organização da produção, nas próprias formas do trabalho. O esgotamento do modelo de produção taylorista e fordista que, por razões técnicas e sociais, não conseguia mais aumentar a produtividade e, com ela, a rentabilidade do capital, bem como a competição acirrada e a globalização induzidas por essa crise de produtividade levaram a novas formas de produção, em que as questões da qualidade, da adaptação à demanda e, por conseguinte, da flexibilidade, da diversidade, da velocidade de reação se tornaram essenciais.

Para enfrentar esses desafios novos, valeu-se das novas tecnologias informáticas e eletrônicas, mas também, e talvez mais ainda, de novas formas de gestão da mão de obra. Para a produção das mercadorias clássicas (roupa, calçado, brinquedos simples etc.) e onde ainda é socialmente possível e economicamente rentável, permanece a exploração do trabalho pouco qualificado, inclusive infantil, em benefício de empreendedores locais ou de empresas estrangeiras deslocalizadas. Mas, quando se trata da produção nos países do Primeiro Mundo ou da produção de mercadorias ou serviços com alto valor acrescentado, é preciso uma mão de obra que se engaje no seu trabalho com seriedade, dedicação, senso de responsabilidade, identificação com a empresa, inteligência, criatividade. Acabou o trabalho considerado como rotina, chegou a hora do trabalho reconhecido como competência, inovação, criatividade, inclusive pelos pesquisadores (Breviglieri, 2006).

Entretanto, ameaçado pelo desemprego, o trabalhador deve aceitar o mando da empresa, os salários que ela paga e, cada vez mais, a flexibilização do tempo de trabalho e a precariedade do próprio emprego. Ademais, a empresa interessa-se pela sua criatividade e recupera os produtos da sua imaginação através de círculos de qualidade e demais dispositivos e, logo, o que era invento pessoal, marco da singularidade, da dignidade e, muitas vezes, da resistência do trabalhador toma forma de nova regra formal imposta a todos.

Assim se estabeleceu um novo modo de equilíbrio entre trabalho e educação. Voltou a ideia de que o trabalho forma, educa. Simetricamente, estudar parece mais necessário do que nunca para se poder trabalhar. Entretanto, a relação entre trabalho e educação continua sendo permeada pela ameaça da dominação, da exploração, da alienação.

Também permanece a suspeita de que haja uma defasagem entre o trabalho moderno e a educação, na sua forma escolar. Com efeito, a relação atual entre trabalho e educação não remete apenas a novas representações do trabalho; ela leva também a questionar a validade dos métodos educacionais. A esse respeito, três assuntos estão sendo debatidos.

Discute-se o significado exato da "sociedade do saber", ou "sociedade do conhecimento". Não há dúvida de que os processos de produção e consumo contemporâneos incorporam cada vez mais conhecimentos. Todavia, pode ser sustentada também a ideia de que não precisamos de muito conhecimento para utilizar os objetos e serviços da vida moderna: não é necessário conhecer Eletrônica para usar um computador ou um cartão bancário, bem como não é útil estudar Ótica para olhar através de óculos. Há muito saber incorporado no mundo em que vivemos, mas temos com ele uma relação mais mágica do que cognitiva. Do mesmo modo, por mais evidente que seja o fato de vivermos em uma sociedade da informação, há de distinguir a informação, que apenas enuncia um dado, e o saber, que organiza dados em redes de sentido. Posto isso, fica aberto o debate sobre o que fazer com o computador, a Internet, as múltiplas fontes de informação para preparar as crianças para o trabalho e a vida no mundo contemporâneo.

Outro debate focaliza a questão da "competência". Quer seja no setor privado ou público, acabou a época do "funcionário", que devia cumprir uma tarefa definida pela empresa ou instituição, e chegou o tempo do "profissional", a quem incumbe *resolver os problemas*. Desse profissional, não se esperam apenas conhecimentos, mas também competências que lhe possibilitam providenciar soluções práticas em várias situações problemáticas. Contudo, há um debate acerca da noção de "competência", que pode remeter a práticas eficazes e criativas amparadas em saberes ou a meras práticas de adaptação restrita ao posto de trabalho.

Fica aberto o debate sobre a função da escola, hoje em dia: transmitir saberes, construir competências, fazer as duas coisas, mas com qual equilíbrio?

Por fim, mudou também a concepção da formação profissional. Quando se transformam em ritmo rápido os processos e as situações de trabalho, logo a capacitação inicial perde o seu valor e a formação deve ser atualizada "ao longo da vida". Contudo, essa adaptação contínua requer uma boa formação básica, de nível do ensino médio. Esta constrói também no indivíduo competências intelectuais e sociais requeridas pelas situações modernas de trabalho: a reflexividade e a criatividade, para resolver os problemas; o senso de responsabilidade, para não estragar material frágil, caro e, às vezes, perigoso; a capacidade de trabalho em equipe etc. Entretanto, quando passa a ser tênue a fronteira entre qualidades pessoais, cultura básica e competências profissionais, torna-se pouco distinto também o limite entre tempo de trabalho e tempo privado – é para lazer ou para "terminar o trabalho" o computador em casa? Hoje em dia, observa-se, cada vez mais, uma invasão da esfera privada pela atividade profissional.

O trabalho requerido pelas formas mais avançadas da economia está liberto das formas clássicas de taylorismo e fordismo, apresenta certas características do trabalho valorizado como fundamento da humanidade, mas, também, sofre formas novas de exploração e alienação, entre as quais a precariedade é provavelmente a pior. Ademais, não se deve esquecer que o inferno industrial do século XIX prossegue em países pobres, às vezes emergentes e nos porões do Primeiro

Mundo. De modo mais geral, há de se adaptar as análises aqui desenvolvidas às especificidades dos países. É de se esperar que a questão das relações entre trabalho e educação apresente algumas características específicas em um país como o Brasil, onde o trabalho tomou a forma da escravidão e, hoje, de uma ampla esfera de atividade informal, e a educação se dividiu entre escolas públicas pouco amparadas e escolas particulares mais preocupadas com o vestibular do que com os novos modos de trabalho, de consumo, de vida coletiva e pessoal.

Não haveria espécie humana sem o trabalho, não há ser humano sem educação, mas ainda não foi construída uma solidariedade consciente, reflexiva e universal entre todos os seres humanos. Nessa situação, quando levantadas as questões do trabalho, da educação e das relações entre ambas, sempre se encontram, ao mesmo tempo, mas sob formas que variam conforme os tempos e os lugares, a questão da humanidade do ser humano e a da exploração de homens por outros homens.

Capítulo III

O professor na sociedade contemporânea: um trabalhador da contradição

O professor na sociedade contemporânea: um trabalhador da contradição

Em 1999, António Nóvoa publicou um artigo intitulado "Os professores na Virada do Milênio: do excesso dos discursos à pobreza das práticas". No resumo do artigo, ressaltou os seguintes pontos:

> A *chave de leitura do artigo é a lógica excesso-pobreza, aplicada ao exame da situação dos professores: do excesso da retórica política e dos* mass-media *à pobreza das políticas educativas; do excesso das linguagens dos especialistas internacionais à pobreza dos programas de formação de professores; do excesso do discurso científico-educacional à pobreza das práticas pedagógicas e do excesso das "vozes" dos professores à pobreza das práticas associativas docentes. Não recusando um pensamento "utópico", o autor critica as análises "prospectivas" que revelam um "excesso de futuro" que é, ao mesmo tempo, um "défice de presente"* (Nóvoa, 1999).

Quando se reflete sobre os desafios encarados pelos professores na sociedade contemporânea, é preciso não esquecer a advertência: ao acumular palavras ou expressões como "globalização", "inovações", "sociedade do saber", "novas tecnologias de informação e comunicação", corre-se o risco de sacrificar a análise do presente à visão profética do futuro. Contudo, em uma sociedade cujo projeto é o "desenvolvimento" e que está vivendo uma fase de transformações rápidas

Publicado em: *Revista da Faeeba – Educação e Contemporaneidade,* Salvador, v. 17, n. 30, p. 17-31, jul.-dez. 2008. Republicado em: D'ÁVILA, Cristina. *Ser professor na contemporaneidade*: desafios, ludicidade e protagonismo. Curitiba: CRV, 2010. p. 15-39.

e profundas e em se tratando da formação das crianças, é difícil evitar a perspectiva do futuro quando se fala da educação. Parece-me possível superar a dificuldade analisando as contradições que o professor contemporâneo deve enfrentar. Elas decorrem do choque entre as práticas do professor atual e as injunções dirigidas ao futuro professor ideal. São elas, a meu ver, que levam ao "excesso dos discursos". Essa é a chave de leitura deste artigo, que pretende confrontar as injunções da sociedade contemporânea com o que está vivendo o professor "normal", isto é, a professora que atua a cada dia em uma dessas salas de aula que constituem a realidade educacional brasileira.

1. A escola e o professor na encruzilhada das contradições econômicas, sociais e culturais

Até a década de 50 do século XX, a escola primária cumpre funções de alfabetização, transmissão de conhecimentos elementares e, como diziam no século XIX, "moralização do povo pela educação". Poucas crianças seguem estudando além desse nível primário. Aliás, no Brasil, uma grande parte da população nem é alfabetizada, por não entrar na escola primária ou nela permanecer pouco tempo. Quanto aos jovens das classes populares, saem da escola para trabalhar na roça, em uma loja etc., sejam eles bem-sucedidos ou fracassados. Para as crianças do povo, a escola não abre perspectivas profissionais e não promete ascensão social, com exceção de uma pequena minoria que, muitas vezes, passa a ensinar na escola primária. Os jovens oriundos da classe média continuam estudando além da escola primária, mas, na maioria das vezes, esses estudos os levam às posições sociais a que já eram destinados.

Portanto, a escola não cumpre um papel importante na distribuição das posições sociais e no futuro da criança e, consequentemente, a vida dentro da escola fica calma, sem fortes turbulências. Alunos fracassam, mas esse fracasso é apenas um problema pedagógico, não acarreta consequências dramáticas e, sendo assim, não é objeto de debate social. Não se fala de "violência escolar"; decerto, há atos de indisciplina e pequenas violências entre as crianças, mas estão na "ordem das coisas" e não preocupam a opinião pública e os professores. Isso não significa dizer que não haja debates sobre a escola, por exemplo, na década de 1930 no Brasil. Não se discute, porém, o que está acontecendo dentro da escola; debate-se o acesso à escola e a contribuição do ensino para a modernização do país. As contradições relativas à escola são contradições sociais a respeito da escola e não contradições dentro da escola.

Em tal configuração socioescolar, a posição social dos professores, a sua imagem na opinião pública, o seu trabalho na sala de aula são claramente definidos e estáveis. O professor é mal pago, mas é respeitado e sabe qual é a sua função social e quais devem ser as suas práticas na sala de aula.

Essa configuração histórica muda por inteiro a partir dos anos 60 e 70 do século XX. Na maioria dos países do mundo, a escola passa a ser pensada na perspectiva do desenvolvimento econômico e social; é o caso nos Estados Unidos, na França, no Japão e nos países do Sudeste Asiático, no Brasil, nos países africanos etc. Essa nova perspectiva leva a um esforço para universalizar a escola primária e, a seguir, o ensino fundamental. Dessa época para cá, aos poucos, ingressam na escola, em níveis cada vez mais avançados, rapazes e moças pertencentes a camadas sociais que, outrora, não tinham acesso à escola ou apenas cursavam as primeiras séries. Esse movimento de expansão escolar é organizado e pilotado, antes de tudo, pelo Estado.

Doravante, o fato de ter ido à escola, ter estudado até certo nível de escolaridade, ter obtido um diploma abre perspectivas de inserção profissional e ascensão social. Com efeito, estudos e diplomas permitem conseguir empregos gerados pelo desenvolvimento econômico e social e pela expansão da própria escola. Começa a se impor um novo modelo de ingresso na vida adulta, modelo esse que articula nível de estudos a posição profissional e social. Apesar das taxas elevadas de desemprego e da importância da economia informal, esse modelo já predomina no Brasil: a história escolar de uma criança acarreta consequências importantes, efetivas ou potenciais, para sua vida futura.

Em tal configuração socioescolar, a contradição entra para a escola.

Primeiro, porque, doravante, importa muito o fato de ter sido bem-sucedido na escola ou, ao contrário, fracassado, o que torna mais angustiada a relação dos alunos e dos pais com a escola e mais tensa a sua relação com os professores. A nota, o diploma medem o valor da pessoa e prenunciam o futuro do filho. Não basta tirar uma nota boa e obter um bom diploma; é preciso conseguir notas e diplomas superiores aos dos demais alunos para conquistar as melhores vagas no mercado de trabalho e ocupar as posições sociais mais lucrativas e prestigiosas. A escola vira espaço de concorrência entre crianças.

Em segundo lugar, as novas camadas sociais que ingressam na escola, em particular no último segmento do ensino fundamental, importam para o universo escolar comportamentos, atitudes, relações com a escola e com o que nela se estuda que não combinam com a tradição e até com a função da escola. Esses "novos alunos" encontram dificuldades para atender às exigências da escola no que diz respeito às aprendizagens e à disciplina. Ademais, já se desenvolvem novas fontes de informação e de conhecimento, em especial a televisão, mais atraentes para os alunos do que a escola.

Em terceiro lugar, os professores sofrem novas pressões sociais. Já que os resultados escolares dos alunos são importantes para as famílias e para "o futuro do país", os professores são vigiados, criticados. Vão se multiplicando os discursos sobre a escola, mas também sobre os professores. No entanto, os salários dos professores permanecem baixos e, no Brasil, muito baixos. Com efeito, o salário auferido por uma categoria profissional não depende apenas da importância social da sua função e da competência requerida para cumpri-la, mas, ainda, da raridade das pessoas aptas a ocupar a mesma vaga. Ora, com a expansão da escola, em particular nas camadas sociais populares, desprovidas das redes relacionais que possibilitam conseguir os empregos mais cobiçados, são cada vez mais numerosas as pessoas diplomadas e aptas a ensinar.

Por todas essas razões, a contradição entra na escola e desestabiliza a função docente. A sociedade tende a imputar aos próprios professores a responsabilidade dessas contradições. Até as práticas pedagógicas cuja eficácia parecia comprovada pela tradição são questionadas e criticadas: começa a ser desprezado o professor "tradicional".

Perduram até os dias atuais as funções conferidas à escola nos anos 1960 e 1970, os pedidos a ela endereçados, as contradições que ela deve enfrentar e, portanto, a desestabilização da função docente. Nessa base, contudo, dá-se uma nova guinada nas décadas de 1980 e 1990. Esta é geralmente atribuída à "globalização", fenômeno bastante escuro nas mentes, mas percebido como ameaça e exigência inelutável. Na verdade, a própria globalização, isto é, o desenvolvimento de redes transnacionais pelas quais transitam fluxos de mercadorias, serviços, capitais, informações, imagens etc., até agora surtiu poucos efeitos diretos em países como o Brasil (Charlot, 2007). As mudanças, incluídas aquelas que dizem respeito à escola, decorrem das novas lógicas neoliberais, impondo a sua versão da modernização econômica e social. Essas lógicas são ligadas à globalização, mas constituem um fenômeno mais amplo. Podem ser resumidas da seguinte forma.

Primeiro, tornam-se predominantes as exigências de eficácia e qualidade da ação e da produção social, inclusive quando se trata de educação.

Em segundo lugar, essas exigências levam a considerar o fim do ensino médio como o nível desejável de formação da população em um país que ambiciona enfrentar a concorrência internacional e a abrir as portas do ensino superior a uma maior parte da juventude. Por um efeito de *feedback*, crescem as exigências atinentes à qualidade do ensino fundamental.

Em terceiro lugar, a ideologia neoliberal impõe a ideia de que a "lei do mercado" é o melhor meio, e até o único, para alcançar eficácia e qualidade. Multiplicam-se as privatizações, inclusive, em alguns países, em especial no Brasil, do ensino, quer fundamental, quer médio, quer superior ainda mais. De modo geral, a esfera na qual o Estado atua diretamente reduz-se. O Estado recua, em proveito do "global" e, ainda, do "local", beneficiado pelo recuo do Estado.

Por fim, desenvolvem-se em ritmo rápido novas tecnologias de informação e comunicação: computador, Internet, CD-ROM, celular. Dessa forma, nascem e crescem espaços de comunicação e informação que escapam ao controle da escola e da família e que fascinam particularmente os jovens: MSN, Orkut etc.

Todas essas transformações têm consequências sobre a profissão docente, desestabilizada não apenas pelas exigências crescentes dos pais e da opinião pública, mas também na sua posição profissional (nas escolas particulares), nos seus públicos de alunos, nas suas práticas.

Hoje em dia, o professor já não é um funcionário que deve aplicar regras predefinidas, cuja execução é controlada pela sua hierarquia; é, sim, um profissional que deve resolver os problemas. A injunção passou a ser: "Faça o que quiser, mas resolva aquele problema". O professor ganhou uma autonomia profissional mais ampla, mas, agora, é responsabilizado pelos resultados, em particular pelo fracasso dos alunos. Vigia-se menos a conformidade da atuação do professor com as normas oficiais, mas avaliam-se cada vez mais os alunos, sendo a avaliação o contrapeso lógico da autonomia profissional do docente. Essa mudança de política implica uma transformação identitária do professor.

Para resolver os problemas, o professor é convidado a adaptar sua ação ao contexto. A escola e os professores devem elaborar um projeto político-pedagógico levando em conta as características do bairro e dos alunos, mobilizar recursos culturais e financeiros que possibilitem melhorar a eficácia e a qualidade da formação, tecer parcerias, desenvolver projetos com os alunos etc. Essas novas exigências requerem uma cultura profissional que não é a cultura tradicional do universo docente; o professor, que não foi e ainda não é formado para tanto, fica um pouco perdido.

O professor deve, ainda, pensar de modo ao mesmo tempo "global" e "local". Há de preparar os seus alunos para uma sociedade globalizada e, também, de "ligar a escola à comunidade".

Esse global, o professor encontra-o, sobretudo, sob a forma da cultura informática. Esta o coloca face a uma tripla dificuldade.

Primeiro, o acesso fácil a inumeráveis informações, graças à Internet, faz com que o docente já não seja para o aluno, com foi outrora, a única, nem sequer a principal, fonte de informações sobre o mundo. Sendo assim, é preciso redefinir a função do professor, para que este não seja desvalorizado. Mas esse trabalho de redefinição ainda não foi esboçado.

Ademais, o interesse dos alunos pela comunicação por Internet e por celular faz com que eles leiam cada vez menos textos impressos, enquanto nesses tipos de texto permanece a base da aprendizagem escolar da língua e da cultura escolar, e inventem novas formas linguísticas em uma comunicação "pingue-pongue".

Por fim, o professor é convidado a utilizar essas novas tecnologias no seu ensino e as escolas recebem computadores. O professor alega que não foi formado para tanto. É verdade, mas há dois obstáculos ainda maiores ao uso pedagógico dessas novas tecnologias. Primeiro, existe uma diferença entre "informação" e "saber": como usar as informações disponibilizadas pela Internet para transmitir ou construir saberes? Se não for desenvolvida uma reflexão fundamental sobre esse assunto, os computadores permanecerão nos armários das escolas, ou em uma sala trancada. Segundo, a "forma escolar", isto é, as estruturas de espaço e tempo das escolas, a forma como os alunos são distribuídos em turmas, os modos de avaliar combinam mal com o uso pedagógico do computador e da Internet.

Como já mencionado, o professor defronta-se, ainda, com novos tipos de alunos, cujos modos de pensamento pouco condizem com o que requer o sucesso escolar. Ao levar à ideia de uma construção, ou reconstrução, do saber pelo aluno, de forma ativa, em um processo de mobilização intelectual, as pesquisas em Psicologia, Sociologia, Epistemologia, Educação propõem ao professor uma solução, amplamente difundida pelos centros de formação. Contudo, a proposta "construtivista", por valiosa que seja em si, implica formas de organização e de avaliação escolares diferentes das que estruturam a escola atual. Resta o construtivismo como injunção endereçada ao professor, vara mágica que poderia resolver os problemas atuais da escola, dos professores e dos alunos.

Por fim, o professor sofre os efeitos de uma contradição radical da sociedade capitalista contemporânea. Por um lado, esta precisa de trabalhadores cada vez mais reflexivos, criativos, responsáveis, autônomos, e, também, de consumidores cada vez mais informados e críticos. Por outro lado, porém, ela promove uma concorrência generalizada, em todas as áreas da vida, trate-se de produção, de serviço, de lazer e até de beleza. Sendo assim, uma formação cada vez mais ambiciosa é proposta a alunos visando cada vez mais à nota e não ao saber. As avaliações nacionais (Saeb, Enem, no Brasil) e internacionais (Pisa) e o vestibular brasileiro, que norteia o ensino médio e, de forma indireta, o ensino fundamental e, às vezes, o infantil, acentuam essa focalização dos alunos e dos professores na nota.

O próprio professor encarna essa contradição radical: sonha em transmitir saberes e formar jovens, mas vive dando notas aos alunos. De forma mais ampla, o professor trabalha emaranhado em tensões e contradições arraigadas nas contradições econômicas, sociais e culturais da sociedade contemporânea.

2. As contradições no cotidiano: a professora na escola e na sala de aula

> Uso a palavra *professor* quando se trata da figura simbólica que encarna a função docente e as palavras *professor* ou *professora* quando penso na pessoa singular que cumpre essa função, no cotidiano.

O professor é uma figura simbólica sobre a qual são projetadas muitas contradições econômicas, sociais e culturais. Contudo, seria um erro considerar que as contradições enfrentadas pela professora, no cotidiano, são um simples reflexo das contradições sociais. A situação é mais complexa. Existem tensões inerentes ao próprio ato de educar e ensinar. Quando são mal geridas, essas tensões viram contradições, sofridas pelos docentes e pelos alunos. Os modos como são geridas as tensões e as formas que tomam as contradições dependem da prática da professora e, também, da organização da escola, do funcionamento da Instituição escolar, do que a sociedade espera desta e lhe pede. Portanto, as contradições são, ao mesmo tempo, estruturais, isto é, ligadas à própria atividade docente, e sócio-históricas, uma vez que são moldadas pelas condições sociais de ensino a certa época. São essas tensões e contradições, na sua dupla dimensão, que tentarei analisar aqui.

2.1. O professor herói e o professor vítima

Quando se observam as palestras públicas sobre a escola e os debates que se seguem, percebe-se uma situação interessante: o palestrante fala à plateia como se esta fosse constituída por professores heróis, professoras santas ou militantes e, a seguir, intervêm no debate professores e professoras que se sentem vítimas da sociedade, dos pais, dos alunos, das Secretarias de Educação etc. De mesmo modo, para quem falam os professores universitários e demais formadores de docentes? Para professoras que encarnam o patrimônio universal do saber, que entendem tudo de Piaget, Vygotsky, Freud, Marx e alguns demais, que adoram se comunicar com os jovens e, ainda, redigir planejamentos detalhados, que amam todas as crianças, até as mais violentas e chatas e, além disso, que não pedem "receitas" para conseguirem ser heroínas e santas. O que é essa profissão em que, para ser um bom profissional, deve-se ser santo ou militante? No discurso pedagogicamente correto, cadê a professora "normal", isto é, a professora que prefere ir à praia ou namorar a dar aula de Matemática? O que não significa dizer que não seja uma boa professora... Qual é exatamente a função daquele discurso heroico?

A esse respeito, vale refletir sobre a função desempenhada, nos debates sobre a escola, pelos exemplos de escolas famosas, que se tornaram radicalmente diferentes das escolas triviais – como, nos dias atuais, a escola portuguesa da Ponte, cuja história é divulgada pelo Brasil, com talento, por José Pacheco, um dos seus atores (Pacheco, 2003, 2006). Não há dúvida alguma que essa escola seja interessante, como é a sua apresentação por José Pacheco. O problema é outro: por que esse exemplo comove tanto professoras que nunca tentaram fazer o mesmo e, na sua maioria, iriam recusar tal aventura se lhes fosse proposta? Avanço a hipótese de que tais exemplos e, de forma mais geral, os discursos heroicos sobre a educação e a escola satisfazem a "parte do sonho" que subsiste nas professoras, por mais difíceis e afastadas do ideal que sejam as suas condições reais de trabalho. O professor herói é o Eu Ideal coletivo que possibilita às professoras aguentarem o seu trabalho cotidiano. Do lado da Instituição de formação, ele é a prova de que "isso é possível", que quem quer mesmo mudar, pode. Desse ponto de vista, existe uma convergência implícita entre os propagadores de exemplos famosos e o discurso universitário pedagogicamente correto, apesar do desprezo explícito para com a universidade manifestado, muitas vezes, por esses propagadores. Os discursos são iguais: quem quiser, pode. O discurso é certo, mas incompleto: quem quiser, pode, contanto que assuma a postura de herói, santo, militante. O problema é que há, no Brasil, cerca de 2,4 milhões de "funções docentes". Será que teremos de esperar que tanta gente se converta ao heroísmo para mudar a escola brasileira?

> É difícil conhecer o número exato de docentes, uma vez que muitos têm dois empregos ou até três. Por isso, contabilizam-se as "funções docentes".

Os docentes têm consciência dessa injunção heroica e reclamam. Recentemente, após uma palestra em que tinha explicado que os alunos se queixam da rotina escolar e avançado a ideia da escola como lugar de aventura intelectual, recebi, por escrito, a seguinte "pergunta", que foi bastante aplaudida pela plateia de professores:

O professor está sempre errado.

* é jovem → não tem experiência
* é velho → está superado
* chama atenção → é grosso
* não chama atenção → não tem moral
* usa a língua portuguesa corretamente → ninguém entende
* fala a linguagem do aluno → não tem vocabulário
* tem carro → chora de barriga cheia
* anda de ônibus → é coitado
* o aluno é aprovado → deu mole
* o aluno é reprovado → perseguição

Como implementar uma aventura intelectual nas escolas, marcadas em transformações sociais?

Esse texto evidencia três fenômenos. Primeiro: o professor tem consciência de estar preso em discursos contraditórios. Segundo: ele interpreta essas contradições em termos pessoais, ainda que entenda que são ligadas a transformações sociais. Terceiro fenômeno: essa situação gera vitimização, indignação e desmobilização profissional.

Por um lado, o herói da Pedagogia. Por outro, a vítima, mal paga e sempre criticada. Falta o professor normal, que trabalha para ganhar um salário e sustentar sua família, que vive situações esgotantes e, também, prazeres dos quais pouco fala, que se sente objeto de críticas, mas, afinal de contas, orgulha-se do trabalho feito, que ensina com rotinas provadas, mas, às vezes, abre parênteses construtivistas.

Ao silenciar o professor normal, conforta-se o que Peter Woods chama de "estratégias de sobrevivência" (Woods, 1990). O primeiro objetivo do professor, explica ele, é sobreviver, profissional e psicologicamente, e só a seguir vêm os objetivos de formação dos alunos. Quanto mais difíceis as condições de trabalho, mais predominam as estratégias de sobrevivência. Avanço a hipótese de que são essas estratégias de sobrevivência, e não uma misteriosa "resistência à mudança", que freiam as tentativas de reforma ou inovação pedagógica. Quem propõe uma mudança significativa desestabiliza as estratégias de sobrevivência do professor e este não recusa a mudança, mas a reinterpreta na lógica de suas estratégias de sobrevivência – o que, muitas vezes, acaba por esvaziar o sentido da inovação.

Esse balanço do professor, entre herói e vítima, é um efeito estrutural, inerente à própria situação de ensino, como será explicitado na próxima seção deste artigo. Entretanto, pode ser mais ou menos amplo. Quando o professor se sente amparado pela sociedade e pela Instituição escolar, trata-se apenas de um balanço de pouca amplitude, que se manifesta quando ocorrem dificuldades profissionais particulares. Mas, quando a sociedade e a própria Instituição escolar abandonam o professor e até o criticam, como fazem hoje em dia, esse balanço torna-se um marco da identidade profissional e social do professor.

2.2. "Culpa" do aluno ou "culpa" do professor?

Só pode aprender quem desenvolve uma atividade intelectual para isso e, portanto, ninguém pode aprender em vez do outro. Quando um aluno não entende as explicações, a professora tem vontade de poder entrar no seu cérebro para fazer o trabalho. Mas não pode: por mais semelhantes que sejam os seres humanos, são também singulares e, logo, diferentes. Quem aprende é o aluno. Se não quiser, recusando-se a entrar na atividade intelectual, não aprenderá, seja qual for o método pedagógico da professora. Neste caso, quem será cobrado pelo fracasso? O próprio aluno, mas igualmente a professora. Em outras palavras, o aluno depende da professora, mas, também, esta depende dele. Sendo assim, permanentemente, ela deve pressionar o aluno, negociar, procurar novas abordagens dos conteúdos ensinados, adaptar o nível da sua aula, sem por isso renunciar à transmissão do saber. Existe, portanto, uma tensão inerente ao ato de ensino-aprendizagem. Quando o aluno não consegue aprender, sempre chega um momento em que é difícil não levantar a questão de saber de quem é a culpa. Do aluno, "que é burro" ou da professora, "que não sabe ensinar"? Não é apenas um problema pedagógico; é o valor pessoal e a dignidade de cada um que estão em jogo.

Trata-se de uma tensão, e não de uma contradição, mas sempre a tensão pode gerar contradição e conflito. Com efeito, em tal situação, logo a professora ultrapassa os limites da pressão pedagógica legítima e, irritada, recorre a meios que ferem o direito do aluno a ser respeitado. O aluno, por sua vez, não deixa de se vingar da humilhação provocada pelos xingamentos e castigos e pelo próprio fracasso em aprender.

Esse deslize da tensão para o conflito é rápido na sociedade contemporânea. Como foi mencionado, o sucesso e o fracasso escolar já não são somente assuntos pedagógicos, uma vez que acarretam consequências importantes para o futuro profissional e social da criança. Logo, a relação pedagógica torna-se mais tensa do que outrora. Pior ainda: enquanto o sucesso escolar requer uma mobilização intelectual do aluno, este vive a escola cada vez mais na lógica da nota e da concorrência e cada vez menos na da atividade intelectual. Não vai à escola para aprender, mas para tirar boas notas e passar de ano, sejam quais forem os meios utilizados, às vezes, com o respaldo dos pais. As minhas pesquisas sobre a relação com a escola e com o saber evidenciaram uma crescente defasagem entre nota esperada e mobilização intelectual do aluno. Para este, quem é ativo no ato de ensino-aprendizagem é, antes de tudo, o professor (Charlot, 2005a). Nessa lógica, cabe ao aluno ir à escola e escutar o professor, sem bagunçar, brincar nem brigar. Posto isso, o que ocorrerá depende do professor: se este explicar bem, o aluno aprenderá e obterá uma boa nota. Se a nota for ruim, será porque o professor não explicou bem. O aluno que escutou o professor se sente injustiçado quando tira uma nota ruim: quem deveria ter essa nota é o próprio professor, aquele que, para cúmulo da injustiça, deu-lhe essa nota!

Professor é quem aceita essa dinâmica, negocia, gere a contradição, não desiste de ensinar e, apesar de tudo, mas nem sempre, consegue formar os seus alunos.

2.3. Tradicional ou construtivista?

As professoras brasileiras, como a maioria dos docentes, no mundo inteiro, são basicamente tradicionais. Entretanto, essas professoras tradicionais sentem-se obrigadas a dizer que são construtivistas! Têm práticas tradicionais porque a escola é organizada para tais práticas e, ainda que seja indiretamente, impõe-nas. Declaram-se construtivistas para atenderem à injunção axiológica: para ser valorizado, o docente brasileiro deve dar-se por construtivista. A contradição permanece suportável, haja vista que, por um lado, trata-se das práticas e, por outro, de simples rótulos. No entanto, ela entretém certo mal--estar ou até cinismo entre os professores e tende a ocultar, atrás daquela oposição entre "tradicional" e "construtivista", as verdadeiras dificuldades e contradições que enfrenta a professora brasileira.

"Tradicional" passou a ser um insulto, evocando a poeira das antigas casas e as lixeiras da pedagogia. Além do insulto, de que se trata exatamente?

Descartemos a hipótese de que esse adjetivo remete à transmissão de um patrimônio. Esta é uma das funções fundamentais da educação e da escola e, neste sentido e seja qual for o seu funcionamento e sua pedagogia, uma escola não pode deixar de ser tradicional. A representação do professor considerado "tradicional", ainda que permaneça um tanto vaga, ajunta certo feitio e supostos métodos.

É rotulado como tradicional o professor que confere uma grande importância à disciplina, ao respeito, à polidez, o que lhe vale a fama de ser severo. Desprezar essa postura pedagógica é um pouco paradoxal, uma vez que a sociedade contemporânea reclama da escola que já não educa as crianças, não ensina a polidez aos alunos, não consegue conter a violência e impor a sua autoridade etc. Mais ainda: o que é assim apontado como atitude do professor é, na verdade, o fundamento filosófico da pedagogia tradicional. Para esta, educar é, antes de tudo, obter que a Razão controle e domine as emoções e paixões. Muitas vezes, objeta-se à pedagogia tradicional que ela exige das crianças comportamentos que não condizem com a natureza destas. Mas é precisamente porque são contrários à natureza que a escola os requer. A pedagogia tradicional visa a emancipar a Razão humana das cadeias da emoção, do corpo, da natureza. *"Sôma sêma"*, diz Platão: o corpo é um túmulo e a educação é ascensão do mundo sensível para o mundo inteligível das Ideias (Platão, 2002, 2003). Nos séculos XVI e XVII, considera-se que a natureza infantil é corrupta e que o papel da educação é livrar a criança da corrupção. Bérulle fala "do estado da infância, estado mais vil e abjeto da natureza humana, depois do da morte" e os pedagogos de Port-Royal declaram: "O diabo ataca as crianças e elas não o combatem" (Charlot, 1979, p. 117). Ainda no século XVIII, Kant escreve: "A disciplina transforma a animalidade em humanidade (...). É assim, por exemplo, que se enviam logo de início as crianças à escola, não com a intenção de que lá aprendam alguma coisa, mas a fim de que se habituem a permanecer tranquilamente sentadas e a observar o que se lhes ordena" (idem, p. 73).

Mudou por inteiro a nossa representação da criança, com Rousseau, com o advento da burguesia e, mais ainda, no século XX, com a legitimação do desejo e a valorização de tudo quanto é "natural". Portanto, o discurso histórico da pedagogia tradicional é ultrapassado, claro está. Todavia, será que se pode considerar resolvida a questão que ela levanta, isto é, a da estruturação do sujeito humano por normas éticas e sociais? Não seria este o problema fundamental enfrentado por muitas professoras, na sala de aula contemporânea: disciplinar e estruturar crianças que vivem na cultura do prazer imediato e já não aguentam qualquer frustração?

O professor é rotulado como tradicional, ainda, quando utiliza os mesmos métodos pedagógicos dos professores das gerações anteriores. Vale refletir sobre esse argumento. Primeiro, não corresponde à realidade atual: nenhum professor ensina como faziam outrora. Muitos gostariam de fazê-lo, mas isso se tornou impossível, já que tantas coisas mudaram. Segundo, o argumento não corresponde à realidade histórica. Acredita-se que é tradicional o professor que ministra aulas expositivas a alunos passivos. Na verdade, esse método não é tradicional, é um desvio ocorrido no século XX. A pedagogia tradicional solicita muito a atividade do aluno, que, no ensino primário, faz exercícios e, no ensino secundário, redige versões, temas, dissertações etc. Alain, melhor representante da pedagogia tradicional no século XX, escreve, a respeito das salas de aula onde o professor sempre fala: "Odeio essas pequenas sorbonnes" (Alain, 1969). A característica do método tradicional é outra: o professor explica o conteúdo da aula e as regras da atividade e o aluno aplica o que lhe foi ensinado. Primeiro vêm o saber e as regras e, a seguir, a atividade do aluno.

Desse ponto de vista, o construtivismo opera, de fato, uma ruptura fundamental. Ser construtivista não significa, como se pensa muitas vezes, ou, melhor, como se fala sem pensar, ser moderno, dinâmico, inovador. Como se toda e qualquer inovação fosse boa... Ser construtivista é opor ao modelo tradicional da aula seguida por exercícios de aplicação um modelo em que a atividade vem primeiro: ao tentar resolver problemas, a mente do aluno mobiliza-se e constrói respostas, que são vias de acesso ao saber. Piaget, um dos pais do construtivismo, mostrou que as estruturas intelectuais, desde as mais simples, isto é, as da percepção, até as mais complexas, isto é, as do pensamento operatório formal, são construídas e transformadas pela atividade da criança e do adolescente (Piaget, 2008). Bachelard, outro pai do construtivismo, evidenciou que, na história da ciência, o saber nasce do questionamento e se constrói por retificações sucessivas (Bachelard, 1996; Silva, 2007).

A importância desses achados, em particular na esfera pedagógica, é grande: hoje, ninguém pode negar que a atividade de quem aprende é o fundamento da aprendizagem. Entretanto, o construtivismo não fecha o debate sobre os métodos, ao contrário do que se pensa, às vezes. Deve-se, também, levar em consideração os aportes de Vygotsky – que está tanto na moda quanto o construtivismo, sem que se preocupe muito com a coerência entre as duas abordagens... Primeiro, Vygotsky ressalta que a criança nasce em um mundo onde lhe preexistem significações (palavras-conceitos), que devem ser transmitidas à criança e apropriadas por ela (Vygotsky, 1987). Disso, podemos deduzir que a função do professor não é apenas acompanhar os alunos em processos construtivistas, mas também, de forma mais "tradicional", pôr em circulação significações desconhecidas pelo aluno. Segundo, Vygotsky explica que o "saber científico", no qual ele inclui o saber escolar, difere do "saber comum", ou "cotidiano", por possuir três características: é consciente, voluntário, sistemático. Cabe salientar que Piaget e Bachelard, por mais "construtivistas" que sejam, consideram também a sistematicidade como um marco da cientificidade. Ora, a questão da sistematização é o principal obstáculo em que esbarram os métodos de ensino construtivistas. Por si só, a atividade intelectual dos alunos não os leva aos saberes sistematizados e institucionalizados e às palavras que os acompanham. Sempre chega um momento em que a professora deve substituir às palavras criadas pelos alunos aquelas que são admitidas pela comunidade científica. E sempre chega um momento em que a professora deve propor, ou completar, uma síntese do que foi construído pelos alunos; estes constroem paredes, não edificam casas, muito menos aqueles palácios e catedrais que se chamam Ciências.

Posto isso, faz-se claro que a questão fundamental não é saber se a professora é "tradicional" ou "construtivista", mas como ela resolve duas tensões inerentes ao ato de ensino e ao de educar.

Ensinar é, ao mesmo tempo, mobilizar a atividade dos alunos para que construam saberes e transmitir-lhes um patrimônio de saberes sistematizados legado pelas gerações anteriores de seres humanos. Conforme os aportes de Bachelard, o mais importante é entender que a aprendizagem nasce do questionamento e leva a sistemas constituídos. É essa viagem intelectual que importa. Ela implica que o docente não seja apenas professor de conteúdos, isto é, de respostas, mas também, e em primeiro lugar, professor de questionamento. Quanto aos alunos, às vezes, andarão sozinhos, com discreto acompanhamento da professora e, outras vezes, caminharão com a professora de mãos dadas. O mais importante é que saibam de onde vêm, por que andam e, ainda, que cheguem a algum lugar para o qual valha a pena ter feito a viagem.

Essa tensão entre construir saberes e herdar um patrimônio é inerente ao ato de ensinar, mas, como já mencionado, a força da tensão e as formas que ela toma dependem das configurações sócio-históricas.

As professoras ensinam em escolas cuja forma básica foi definida nos séculos XVI e XVII: um espaço segmentado, um tempo fragmentado, uma avaliação que diz o valor da pessoa do aluno. Essa forma escolar condiz com a pedagogia tradicional. É nela que a professora é convidada a ser construtivista e a usar o computador e Internet... Imaginemos uma professora que leve a sério a injunção construtivista: mobiliza os seus alunos em pesquisas, desenvolve projetos, pratica uma avaliação formadora, diagnóstica e reguladora. E, no final do mês, do semestre ou do ano, a sua diretora lhe pede... a nota dos alunos! Aliás, essa própria diretora sofre a pressão dos pais e da Instituição escolar, pública ou particular, que querem notas. O que pode fazer aquela professora? Atribuir a mesma nota a todos os alunos? "Deu mole", como diz o professor cujo texto citei. Atribuir-lhes notas diferentes? Neste caso, os alunos não estudarão mais para levar a cabo a pesquisa e o projeto, mas para tirar a melhor nota possível.

De forma mais geral, a injunção construtivista, por fundamentada que seja do ponto de vista teórico, negligencia muitos dados atinentes ao exercício da função docente na sociedade contemporânea. Destacarei aqui dois obstáculos que a professora há de ultrapassar se quiser ser mesmo construtivista ou introduzir momentos construtivistas na sua prática pedagógica.

Primeiro obstáculo: os próprios alunos não são construtivistas. A injunção construtivista supõe alunos prestes a se investirem em uma atividade intelectual. Mas o maior problema que a professora atual encontra é, precisamente, conseguir mobilizar os seus alunos em uma atividade intelectual. Como já foi mencionado, eles vão à escola para, antes de tudo, tirar notas boas e passar de ano e, ademais, consideram que é a professora quem é ativa no ato de ensino-aprendizagem. Quanto maior a pressão exercida pela nota, mais os alunos desenvolvem estratégias de sobrevivência: frear o professor, colar, decorar os conteúdos sem entendê-los etc. Isso não significa que os alunos sejam idiotas ou não gostem de refletir; significa, sim, que tentam sobreviver em uma escola que os coloca em situações que contradizem os objetivos de espírito crítico e autonomia proclamados por ela. Em uma situação dessas, os momentos construtivistas constituem conquistas da professora, conforme a inteligência epistemológica e pedagógica, mas à contracorrente da ordem socioinstitucional da escola contemporânea.

Em segundo lugar, a injunção construtivista negligencia o fato de que a professora trabalha em uma instituição. Ser construtivista implica despertar nos alunos um desejo de aprender, acompanhá-los em uma caminhada cheia de obstáculos superados, de erros retificados, de problemas resolvidos, de angústias, de mal-entendidos, de incompreensões. Ser construtivista é trabalhar em um mundo afetiva e intelectualmente turvo. Ora, o que quer a instituição? Definir, delimitar, organizar, gerir racionalmente, controlar. Qualquer instituição carrega no seu DNA um fantasma de domínio e de transparência: pretende assinar os objetivos, determinar os processos, avaliar os resultados. Decerto, as instituições da sociedade contemporânea, por razões que explicitamos, houveram de delegar responsabilidades aos atores sociais e, assim, abriram espaços de autonomia. Mas a instituição escolar da sociedade contemporânea continua, mais do que nunca, a avaliar, avaliar, avaliar e a pedir notas, notas, notas. Aliás, nos países onde existe o vestibular, a instituição nem precisa insistir: o professor e o próprio aluno interiorizaram a notação como função central do ensino.

Em tal situação, o que pode fazer a professora? O que ela faz: ter práticas tradicionais, que nem precisa esconder, e, às vezes, abrir parênteses construtivistas, que a instituição e a própria professora realçam logo que aparece um debate pedagógico. Uma estudante universitária, que chamarei aqui de Maria, contou-me a seguinte história: quando cursava a licenciatura em pedagogia, tinha uma professora doida pelo construtivismo e Maria, que já ensinava, teve de preparar e experimentar, em uma sala com quarenta alunos, em um bairro popular, uma aula construtivista. Colocou os alunos em pequenos grupos, bateu fotografias e, a seguir, voltou a sua aula normal, de tipo tradicional participativo. Na universidade, mostrou as fotografias e narrou, como se tivesse ocorrido, o que teria acontecido se tivesse feito a aula construtivista ideal ansiada pela sua professora universitária. Esta adorou. Os demais estudantes que já tinham uma experiência de ensino entenderam de imediato o jeitinho que Maria tinha utilizado e parabenizaram-na depois da aula: "Maria, você deveria fazer teatro!" Será que conseguiremos mudar as escolas brasileiras com tais práticas universitárias de formação dos professores?

2.4. Ser universalista ou respeitar as diferenças?

A escola é universalista, pelo menos nas sociedades democráticas, e não pode deixar de sê-lo. Por duas razões.

Primeiro, porque a educabilidade de todos os seres humanos é, ou deveria ser, o princípio básico do professor: qualquer ser humano sempre vale mais do que fez e do que parecer ser.

Segundo, a escola não pode deixar de ser universalista porque a sua especificidade é a de divulgar saberes universais e sistematizados, ou seja, saberes cuja verdade depende da relação entre elementos em um sistema, e não da sensibilidade pessoal e da interpretação de cada um. Não significa dizer que a escola seja puro espaço da Razão e desconheça a sensibilidade, o corpo, a imaginação. Mas, até quando ela cuida destes, ela introduz regras, normas. Inventar uma história requer imaginação, mas é necessário, também, escrever um texto, e isso não se faz de qualquer jeito. Uma pintura de criança, por mais bonita que seja, não é um quadro de Picasso. A luta que o professor de Educação Física ensina é diferente da briga de rua com socos e pontapés.

Mas, na sociedade contemporânea, o professor, trabalhador do universal e da norma, deve também ensinar crianças a respeitarem as diferenças culturais. Essa ideia é simpática e não contradiz diretamente a vocação universal da escola: todos os seres humanos participam de uma cultura, mas sempre se trata de uma cultura particular. O problema é outro: quais são aquelas diferenças culturais que se deve respeitar? A cultura africana do antepassado remoto da criança preta de Salvador? A cultura alemã, italiana, polonesa do antepassado do jovem gaúcho – o qual, ademais, tem também alguns portugueses entre os seus antepassados? Qual diferença

O PROFESSOR NA SOCIEDADE CONTEMPORÂNEA: UM TRABALHADOR DA CONTRADIÇÃO

cultural se deve respeitar no filho de índio saído da tribo? E de qual cultura se trata, da dos homens ou das mulheres? O que fazer, ainda, quando essa diferença cultural transmite formas de dominação? A professora do Rio Grande do Sul deve mesmo educar jovens gaúchos "machos"? Qual é o conteúdo do imperativo "respeitar as diferenças culturais" e quem explica ao docente o que significa exatamente?

Na escola contemporânea, o professor deve, também, respeitar as diferenças dos seus alunos e individualizar o seu ensino. Mais uma vez, a ideia é simpática, mas qual é o seu significado exato? "Colocar o aluno no centro", disse o Ministério francês da Educação. Concordo, desde que me digam o centro do quê... Se se tratar de dizer, sob outra forma, que a escola foi criada para que os alunos aprendam e não para que os docentes ensinem, o conselho é pertinente. Mas não resolve o problema: o que significa "individualizar" o ensino de princípios e saberes universais e de normas que estruturam a atividade intelectual? Quem o explica à professora? A professora que se vire...

Mais ainda: a escola contemporânea não deve apenas respeitar as diferenças; ela deve, também, fazer aparecer e registrar diferenças entre os alunos. Voltemos à questão da nota, central em uma instituição que deve produzir uma hierarquia escolar prenunciando e legitimando a hierarquia social. Imaginemos, novamente, a situação da professora cujos alunos obtivessem 10 a cada prova. O que vai lhe dizer a sua diretora? "Parabéns, colega, você é uma boa professora"? Ou: "Deu mole"? No entanto, o discurso oficial afirma que todos os alunos devem ser bem-sucedidos e que a professora deve ensinar para todos. E o discurso pedagógico proclama que a Razão é universal e que qualquer ser humano pode ser educado e ensinado. Mas, apesar desses discursos lindos, que todos os alunos tirem a nota 10 parece um exagero e a professora que ousasse fazer isso não ganharia parabéns e boa fama... De fato, existe, no imaginário da instituição, a ideia de que, em toda turma, há alunos preguiçosos, fracos, dedicados, talentosos e até, quando a safra é boa, geniais e que, portanto, uma professora séria não pode deixar de atribuir notas diferenciadas. Mas a instituição segue discursando sobre a educabilidade do ser humano, a Razão universal e a escola democrática.

2.5. Restaurar a autoridade ou amar os alunos?

Não há educação sem exigências, normas, autoridade. Educar é possibilitar que advenha um ser humano, membro de uma sociedade e de uma cultura, sujeito singular e insubstituível. Queira ou não, isso implica uma disciplina do desejo e uma estruturação do sujeito por normas – o princípio de realidade, diria Freud; o "Nome-do-Pai", diria Lacan. Deste ponto de vista, o objetivo da pedagogia tradicional permanece legítimo e válido, mesmo que os recursos que ela usa, isto é, o recalque do desejo e a imposição da norma, sejam ultrapassados, na sociedade contemporânea em particular.

Não há educação sem simpatia antropológica dos adultos para com os jovens da espécie humana, aquela simpatia espontânea que nos leva a amimar e afagar os "bebezinhos" e demais "fofinhos" que têm a sorte ou o azar de cruzarem os nossos caminhos.

Esse balanço entre autoridade e mimo e, de modo mais geral, a ambivalência é uma característica inerente à relação dos adultos com os jovens. Na escola da sociedade contemporânea, ele toma a forma da dupla injunção para resgatar a autoridade perdida e para amar os alunos. Comecemos pela questão da autoridade.

A "violência escolar" é um dos maiores problemas que os professores devem enfrentar hoje em dia. De fato, essa expressão genérica remete a fenômenos bastante diferentes: agressões físicas, ameaças graves, pequenas brigas, assédio, palavras racistas, indisciplina escolar, indiferença ostentatória para com o ensino e a vida escolar oficial, incivilidades etc. Mas não se pode negar que a transgressão das normas esteja acometendo a escola contemporânea, bem como a família e, de modo mais amplo, a sociedade. Em face desse problema, multiplicam-se os apelos para restaurar a autoridade (versão de direita) ou para educar os jovens à cidadania (versão de esquerda).

Os professores gostariam de restaurar a autoridade. Mas resta saber como...

No Brasil, historicamente, a autoridade foi definida pelas relações de força impostas pela escravidão, o coronelismo, a ditadura populista ou militar. Nos dias atuais, para muitos jovens, ela toma a forma da arbitrariedade e da violência policial. Não se trata, evidentemente, de promover esse tipo de autoridade, mas uma autoridade legítima. Qual pode ser, ao ver dos jovens, o fundamento de tal autoridade?

A idade? Claro que não. A sociedade contemporânea valoriza a juventude, que os adultos procuram prolongar a todo custo, e não gosta dos jovens, a quem ela fecha as portas do mercado de trabalho e culpa por todos os males do mundo. Não há pior mistura para desvalorizar os adultos e, portanto, a autoridade adulta, aos olhos dos jovens.

Será que o saber pode ser fundamento da autoridade legítima? Se fosse o caso, os professores não teriam tantos problemas nas suas salas. Além disso, como uma sociedade que elege o dinheiro como medida universal de qualquer coisa, incluídos o esporte e a arte, e que paga muito mal os seus professores pode esperar que estes restaurem a autoridade?

Resta a cidadania, de que tanto se fala nos diais atuais. O problema é que, muitas vezes, confundem-se cidadania e vínculo social. A noção de vínculo social remete ao conjunto de relações que estabelecemos com pessoas com quem compartilhamos um espaço de vida: conversas, interesses comuns, ações coletivas, respeito mútuo etc. O conceito de cidadania diz respeito à esfera política: ela exprime o fato de que os membros de uma determinada sociedade têm direitos e deveres definidos por leis, que foram elaboradas em um processo coletivo e valem para todos. Ensinar alunos a tecerem vínculos sociais de reciprocidade é, claro está, um objetivo educacional. Mas essa ambição esbarra na existência das desigualdades, dos fenômenos de dominação e, no Brasil, daquele cinismo social escancarado cotidianamente pelas notícias sobre a corrupção política. Sendo assim, o discurso sobre a "cidadania", que, na verdade, trata do vínculo social, tende, por bem-intencionado que seja, a cumprir uma função ideológica: pobres, sejam bem comportadinhos, não incomodem a classe média com seus comportamentos.

Ao contrário, o conceito de cidadania tem um valor crítico, haja vista que destaca a igualdade de direitos e deveres, o interesse geral, a preeminência da lei. Mas é preciso levar a sério esse conceito quando se quiser educar os alunos para a cidadania. Isto requer a existência de uma comunidade escolar regida pela lei e não pela vontade do mais forte e pela arbitrariedade. Ora, a escola que vivencia o aluno, aquela que pretende educá-lo para a cidadania, não é uma comunidade de cidadãos.

Primeiro, o seu Regimento interno não é uma lei, mas um *diktat* imposto pelos poderosos. Não passa de um conjunto de regras ditando deveres dos alunos e silenciando os seus direitos – salvo o direito de estudar e ser educado, que, convenhamos, não é muito atraente para os alunos. Uma lei define direitos e deveres. O Regimento das escolas só lista proibições, às vezes, as mais estranhas. Por que as escolas proíbem tatuagens, *piercings*, brincos nas orelhas dos rapazes? Sem, por isso, deixar de falar de direito à diferença e igualdade de gênero... O ponto não é saber se são práticas feias ou lindas, é interrogar a legitimidade da escola em se meter em tais assuntos. Até que se saiba, nenhum brinco impede o aluno de escutar a professora – que, por sinal, usa brincos. Essa não é uma questão de pedagogia ou educação escolar; é, sim, um "arbitrário cultural" e uma "violência simbólica", como diria Bourdieu; arbitrário e violência inscritos no Regimento da escola.

Segundo, uma lei vale para todos, incluídos aqueles a quem incumbe aplicar a lei. Ora, o Regimento interior da escola nada diz sobre os direitos e deveres do pessoal da escola. Não se trata de cair na demagogia: os direitos e deveres dos professores não podem ser semelhantes aos dos alunos, uma vez que existem funções diferentes na escola. Mas há de definir também direitos e deveres dos professores, do diretor, da merendeira, do porteiro etc. Quando um aluno falta ou chega atrasado, deve justificar a falta ou o atraso. E a professora? Os alunos não têm de se meter nisso? Neste caso, o Regimento não é uma lei e a escola não é um espaço de cidadania.

Por fim, a escola não respeita os Direitos do Homem e do Cidadão, aqueles que a Carta da ONU e a Constituição Federal Brasileira enunciam. "Ninguém pode ser juiz e parte, no mesmo processo": esse é um princípio básico do Direito. Na escola, o professor briga com um aluno, julga e castiga. A Constituição Brasileira de 1988 diz: "Aos litigantes, em processo judicial ou administrativo, e aos acusados em geral são assegurados o contraditório e ampla defesa, com os meios e recursos a ela inerentes" (artigo LV). Na escola, o aluno acusado não tem direito ao contraditório, à ampla defesa, nem a um processo. O Direito é para adultos e não para crianças? Neste caso, a cidadania também é para adultos e não para crianças.

Além de ser emaranhado em todas essas contradições, o professor considera que deve "amar os alunos". Amar os alunos que nem fingem escutar o professor e até, às vezes, o insultam e ameaçam? Amar os alunos que batem uns nos outros e se injuriam com palavras racistas? Desta vez, trata-se mesmo de heroísmo.

Novamente, é preciso recorrer à análise.

Já evoquei a simpatia antropológica dos adultos para com os jovens da espécie humana. É claro que quem não sente essa simpatia não deve ensinar. Se "amar os alunos" significa isso, tudo bem. Mas esse "amor" é, por natureza, diferente do que sentimos por nossas próprias crianças. É o sentimento que une as gerações que se sucedem. Deste ponto de vista, o uso na escola das palavras "tio" e "tia", que remetem a uma relação entre gerações, é pertinente, ainda que "professor" e "professora" sejam preferíveis, por serem mais específicas.

Além dessa relação antropológica, quem leu Freud sabe que se desenvolvem, também, relações afetivas entre professores e alunos, inclusive relações implicitamente e, na maioria das vezes, inconscientemente, sexualizadas. Vale notar, por sinal, que as professoras, sustentando a ideia de que "se deve amar os alunos", silenciam essa dimensão da relação. Essas relações afetivas, porém, podem ser positivas ou negativas. Além disso, constituem um fato, e não uma obrigação. Um professor não tem obrigação afetiva alguma para com os alunos. Deve respeitar a sua dignidade, deve fazer tudo o que puder para formá-los; não é obrigado a "amá-los". Não se pode assentar a escola democrática sobre sentimentos. A escola democrática é aquela onde o professor ensina e educa todos os alunos, incluídos os de quem não gosta e os que não gostam dele. Claro que a situação é melhor quando professor e aluno gostam um do outro, mas isto não é obrigação nenhuma, nem fundamento da escola. A escola não é lugar de sentimento, mas lugar de direitos e deveres. Esta escola é que pode ensinar a cidadania. Se uma professora, além de ter de gerir e superar todas as tensões e contradições que mencionei, tiver, ainda, de lidar com as ambivalências do sentimento, tornar-se-á, sim, heroína ou vítima.

2.6. A escola vinculada à comunidade ou a escola lugar específico?

A escola é um lugar específico, como já afirmei quando tratamos da questão do universalismo *versus* respeito às diferenças. A escola é um lugar que requer uma forma de distanciamento para com a experiência cotidiana. O que, nesta, é situação vivenciada e contextualizada, objeto do meio ambiente, torna-se, na escola, objeto de pensamento, de discurso, de texto. Ademais, a escola fala aos alunos de objetos que não se encontram no mundo cotidiano deles e, às vezes, em nenhum mundo sensível, e leva-os para universos que apenas existem no pensamento e na linguagem. Sendo assim, a escola é fundamentalmente um espaço de palavras que possibilitam a objetivação do mundo e o distanciamento para com ele e que abrem janelas para outros espaços e tempos, para o imaginário e o ideal. Além disso, a escola é um lugar onde a própria linguagem vira objeto de linguagem, de segundo nível: na escola, fala-se sobre a fala.

Essa especificidade estende-se aos comportamentos e às relações. Não se pode comportar-se na escola como se faz fora dela; é um mundo diferente. Em particular, os conflitos, que não podem deixar de surgir na escola, como nos demais lugares, já que ela é lugar de vida e encontro entre seres humanos, devem ser geridos pela palavra, em determinados limites, e não pela pancada e pelo insulto.

Essa especificidade diz respeito, também, ao professor e à professora. Aos olhos dos alunos, ainda nos dias atuais, é um pouco esquisito encontrar a sua professora no supermercado, sem sequer falar daquela que dança ou namora. Tudo o que evoca o corpo do professor e, mais ainda, da professora, segue sendo objeto de mal-estar, brincadeira ou desejo. Os próprios professores interiorizam essa especificidade da figura docente, em particular na sua relação com o dinheiro. Por causa da sua atividade profissional, tendem a colocar o saber no topo da escala de valores e o dinheiro no mais baixo escalão. Ainda hoje, os professores de Filosofia, funcionários assalariados, criticam os sofistas, que vendiam o seu saber, e identificam-se com Sócrates que, por mais genial que fosse, só podia espalhar de graça as suas ideias porque, ocioso, vivia à custa de sua mulher. Entretanto, na sociedade contemporânea, o dinheiro mede o valor de tudo e os professores, considerando que o salário deve corresponder ao nível de estudo, julgam que deveriam ser muito mais pagos do que são. Fazem greve. Greve dos trabalhadores do espírito e dos educadores da juventude? Fica mal... Portanto, quando os professores fazem greve, não é apenas para ganhar mais dinheiro, como é o caso quando se trata de outros trabalhadores; é, explicam os professores, para poderem estudar, comprar livros e, afinal de contas, proporcionar aos alunos uma melhor formação.

Lugar específico, a escola não ensina o que se pode aprender na família e na comunidade, não ensina nos mesmos modos que a família e a comunidade. Se o fizesse, não serviria para nada. Entretanto, a escola deve ser "vinculada à comunidade". Para um francês, essa injunção (mais uma...) soa estranho. Com efeito, na história da França, a "comunidade" foi lugar de influência dos nobres e dos padres e, hoje em dia, ela é percebida como espaço de propaganda do fundamentalismo islâmico. Na cultura francesa, "comunidade" opõe-se à "República" e a escola comunitária é a negação da escola republicana. Mas a história do Brasil é outra e, portanto, outros também são o sentido e o valor da palavra "comunidade". No Brasil, a comunidade foi, historicamente, lugar de resistência à colonização (os índios), à estrutura escravista (os quilombos), às várias formas de dominação, exploração e desvalorização e espaço de auto-organização dos migrantes. A comunidade é lugar de resistência, de memória, de dignidade. Sendo assim, é socialmente legítimo preconizar o vínculo entre a escola e a comunidade. Vinculada à comunidade, a escola é "nossa" escola e não "a escola deles", dos dominantes.

Essa ligação é legítima, também, do ponto de vista pedagógico. Com efeito, por mais importante que seja a especificidade da escola, qual seria o seu valor se o que se aprende na escola fizesse sentido apenas dentro da escola? Conhecer novos mundos, ter acesso a formas ideais, objetivar o mundo e distanciar-se da experiência cotidiana, perceber-se a si mesmo como ser de Razão e de Imaginação, tudo isso só vale quando diz algo, indiretamente, a respeito da minha vida, do meu mundo, da minha experiência, de quem eu sou e posso vir a ser. O universalismo e a especificidade da escola são legítimos à medida que contribuem para esclarecer o mundo particular da criança singular e ampliá-lo.

Legítimos, o universalismo da escola e a defesa da sua especificidade. Legítimo, também, o projeto de vincular a escola à comunidade que a rodeia.

Ademais, é possível a conciliação entre as duas ambições. Mas não é nada fácil, sobretudo na sociedade contemporânea. Porque, em um país urbanizado como é o Brasil, cada vez menos a professora compartilha o espaço de vida dos seus alunos, em especial o dos seus alunos pobres, aqueles que encontram mais dificuldades na escola. A conciliação é difícil, ainda, porque se espera cada vez menos da professora que ela leve os alunos ao encontro do universal e que ela lhes proporcione as chaves de compreensão da sua vida, e cada vez mais que ela possibilite aos nossos filhos serem aprovados no vestibular.

Herói, o professor brasileiro? Vítima? A meu ver, na sociedade contemporânea, ele é, antes de tudo, um trabalhador da contradição. Como o policial, o médico, a assistente social e alguns outros trabalhadores, ele faz parte daqueles cuja função é manter um mínimo de coerência, por mais tensa que seja, em uma sociedade rasgada por múltiplas contradições. São trabalhadores cujo profissionalismo inclui uma postura ética. E, se possível for, o senso de humor.

Capítulo IV

A escola e o trabalho dos alunos

A escola e o trabalho dos alunos

Quando os meus filhos franceses voltavam da escola, na década de 1980, eu perguntava: "Trabalhou bem na escola?" Hoje, quando os meus filhos brasileiros chegam em casa, a minha pergunta é outra: "Estudou bem na escola?" Essa mudança é ligada às minhas pesquisas e reflexões sobre a escola, mas remete também a diferenças entre a língua francesa e a portuguesa. Em francês, diz-se que os alunos trabalham na escola. Em português, pelo menos no Brasil, não se diz que trabalham, mas que estudam na escola. Da mesma forma, em português, diz-se que o professor ensina e que o aluno aprende. Em francês, pode-se dizer que o professor ensina ou que ele aprende; ou seja, o professor aprende (ensina) coisas a alunos que têm de aprender essas coisas. Uma terceira diferença parece-me interessante. Em português, o aluno acompanha o professor, ou a aula. Em francês, o aluno segue o professor, ou a aula. São dois modelos implícitos completamente diferentes. O modelo francês nomeia trabalho o que o aluno faz na escola, mas, de fato, destaca a atividade do professor: este "aprende/ensina" coisas ao aluno que o deve "seguir".

O modelo implícito português, ou, pelo menos, o modelo brasileiro, não designa a atividade do aluno como trabalho, mas ressalta a sua especificidade: o professor ensina, o aluno aprende; são duas atividades que não podem ser confundidas.

Este texto foi escrito com base na Conferência proferida na Faculdade de Psicologia e de Ciências da Educação da Universidade de Lisboa, no dia 12 de fevereiro de 2009, no âmbito do XVII Colóquio Afirse – Secção Portuguesa, "A escola e o mundo do trabalho". O texto foi publicado pela revista *Sísifo: Revista de Ciências da Educação*, v. 10, p. 89-96, set.-dez. 2009.

Essas diferenças me levam a duas questões. A questão central é a da atividade do aluno: qual é a natureza e a especificidade da atividade do aluno na escola?

A segunda questão é menos importante, mas tem relevância também: será que essa atividade do aluno merece o nome de *trabalho*?

1. A questão da atividade do aluno: um debate teórico e epistemológico

O que está em jogo no debate sobre a atividade do aluno é decidir se esta é apenas um reflexo da posição social ou se se trata de uma atividade específica, que produz efeitos, mudanças, e deve ser considerada uma dimensão fundamental do que está acontecendo na escola. Esse debate abrange a questão das diferenças entre alunos oriundos de várias classes sociais, mas contempla também a questão do gênero.

1.1. A questão da atividade na Sociologia das posições e disposições

Nas décadas de 60, 70 e até 80 do século XX, a forma como se pensou a escola foi muito influenciada pela Sociologia da Reprodução, em particular a de Bourdieu, isto é, por uma Sociologia das posições e disposições. Ainda hoje permanecem prementes as explicações das dificuldades escolares dos alunos pela referência à família e ao meio social das crianças e, portanto, vale a pena refletir sobre o lugar que essa sociologia atribui à atividade dos alunos.

Nesse modelo, o que importa é a posição social do aluno, definida com base na do seu pai, e não a sua atividade. Analisam-se a posição do aluno entrando na escola (*in*) e a sua posição saindo dela (*out*), comparam-se ambas e conclui-se que a escola contribui para a reprodução social. Nessa perspectiva, o que acontece dentro da escola não produz nada de novo. Tal abordagem, claro está, leva a desprezar ou menosprezar a atividade do aluno; não é necessário analisá-la detalhadamente.

No entanto, deve-se distinguir as sociologias da reprodução desenvolvidas por Baudelot e Establet e por Bowles e Gintis, em que a atividade quase não aparece, e a sociologia de Bourdieu, mais interessante (Baudelot; Establet, 1971; Bowles; Gintis, 1976; Bourdieu; Passeron, 1992; Bourdieu, 1998). Bourdieu levanta a questão do que o aluno faz na escola. Não analisa, porém, a própria atividade, mas, sim, os seus recursos, ou seja, as *disposições* que a sustentam, disposições essas que dependem da posição social do aluno. São essas disposições que importam e não o próprio desenrolar da atividade. Elas aparecem na teoria como capital cultural e *habitus*.

No sistema conceitual de Bourdieu, a sociedade é constituída por um conjunto de campos. Nestes, há lutas: cada um tenta preservar e, se possível for, melhorar a sua posição. Para tanto, usa os recursos ao seu alcance, recursos esses que procedem da sua posição social. Em cada campo, as lutas para o poder dependem, antes de tudo, dos recursos de que dispõe cada um: do seu *capital*. No campo cultural (escola, imprensa, artes...) prevalece o capital cultural, conjunto de conhecimentos e relações com a cultura e a linguagem. Quem tiver mais capital cultural pode desenvolver nesse campo estratégias mais eficazes para melhorar a sua posição; no campo cultural, são estratégias de *distinção* (Bourdieu, 2007). Portanto, na teoria de

Bourdieu, existe um espaço para as lutas, mas o desenrolar e o desfecho destas dependem dos recursos que as sustentam, isto é, afinal de contas, da posição social de quem age: o princípio de inteligibilidade da atividade não é a própria atividade, mas a estrutura social dos capitais investidos na atividade. Por isso, Bourdieu não fala de *atores*, mas de *agentes* sociais.

O conceito de *habitus* esclarece a diferença entre ator e agente. O *habitus* é um conjunto de disposições psíquicas, duráveis e transponíveis, que foram estruturadas socialmente e funcionam como princípios de estruturação das práticas e das representações (Bourdieu, 1989). Para compreender uma atividade, é preciso compreender por que o indivíduo age, e age de tal modo. Portanto, faz-se necessário saber quais são as suas ideias, expectativas, gostos etc., isto é, quais as suas disposições psíquicas. Isso significa que, para entender uma atividade ou uma prática, há de se analisar o *habitus*, o sistema de disposições psíquicas que a baseiam. E, para conhecer o *habitus*, é preciso analisar as condições sociais em que ele foi construído. Assim, afinal, o que permite dar conta da prática são as condições sociais que construíram o *habitus*. Portanto, em última instância, a posição social é o princípio de inteligibilidade da atividade. As posições sociais são *reproduzidas* de uma geração para a seguinte, pelo menos em termos de probabilidades: as condições em que se forma a criança moldam socialmente o seu psiquismo e este a leva a representações e práticas que reproduzem a estrutura social de origem. Quem age é *agente* das estruturas sociais, uma vez que elas se reproduzem por mediação do seu *habitus*; não é um *ator* que, por sua atuação, iria contrariar a ordem social das coisas.

De acordo com esse modelo sociológico, o que acontece na escola depende fundamentalmente do capital cultural e do *habitus* dos alunos. Quem tem as disposições psíquicas e o capital cultural requeridos pela escola se torna um aluno bem-sucedido; quem não os tem fracassa. Os conceitos de atividade ou de trabalho escolar não cumprem nenhuma função importante no sistema explicativo.

Entretanto, a questão da atividade não é totalmente ausente do sistema de Bourdieu, como já mencionado. Mas ela é *senso prático*, como diz Bourdieu: raramente o *habitus* funciona em situações sociais exatamente similares às que o estruturaram e, portanto, faz-se necessário uma adaptação permanente, realizada pelo senso prático. Na maioria das vezes, essa adaptação não traz problemas, uma vez que existem muitas semelhanças entre as condições em que o *habitus* foi construído e as em que, mais tarde, tem de funcionar. Contudo, o último Bourdieu torna-se sensível às defasagens, cada vez mais frequentes na sociedade contemporânea engajada em mudanças rápidas, entre as disposições psíquicas fundamentais dos indivíduos (os seus *habitus*) e as situações sociais em que eles vivem hoje. Essas defasagens, porém, não levam Bourdieu a interessar-se pela atividade atual dos indivíduos, pela transformação dos *habitus*, pela construção de novos recursos culturais. Levam-no a destacar o sofrimento produzido por esses descompassos, a "miséria do mundo" (Bourdieu, 2003).

Será que somos condenados a uma eternal reprodução? Bourdieu deixa uma porta aberta, o que possibilita entender por que, apesar de tudo, o próprio indivíduo Bourdieu se engajou com determinação nas lutas sociais da década de 1990. Passado e futuro articulam-se no *habitus*, chave da reprodução. Portanto, para quebrar a reprodução, desconectar o futuro do passado e, assim, mudar a sociedade, é necessário mudar o *habitus*. Sendo assim, a tomada de consciência sociológica é a condição fundamental da mudança: pode mudar o mundo quem entende que suas representações e práticas foram condicionadas socialmente e, ao compreender isso, pode se livrar do condicionamento. A conscientização é condição necessária da transformação social, como no pensamento de Paulo Freire (Freire, 1976, 1983). Todavia, enquanto, em Paulo Freire, a conscientização pode ser efeito da formação, em Bourdieu ela não pode acontecer na escola, lugar onde as classes dominantes exercem a sua violência simbólica e o seu arbitrário cultural. A conscientização só pode ser produzida nas lutas sociais. Portanto, a atividade é princípio de transformação, mas se trata da atividade desenvolvida nas lutas sociais e não da atividade do professor e do aluno na sala de aula. De fato, Bourdieu não se interessa pela atividade escolar, pelo que acontece na sala de aula, mas pelas funções sociais da escola, pelo processo de reprodução social através dela.

1.2. A análise dos implícitos da atividade na Sociologia de Bourdieu e nos Estudos de gênero

Quando Bourdieu presta atenção à atividade escolar, ele destaca os implícitos dessa atividade, em detrimento, mais uma vez, do seu desenrolar. Bernstein já tinha salientado a diferença entre código elaborado (explícito) e código restrito (cheio de implícitos), e a existência, na escola, de um currículo oculto, escondido (Bernstein,

1996). Caminhando pela mesma via, Bourdieu sustenta a ideia de que os verdadeiros critérios de avaliação da atividade do aluno são, na sua maior parte, implícitos. Implicitamente, a escola requer certa forma de relação com a cultura e a linguagem e, nas suas avaliações do aluno, essa relação é que a escola avalia. Em outras palavras, a escola não ensina o que avalia. Quem já construiu essa relação na sua família pode conseguir êxito escolar e quem não o fez fracassa. Essa relação é socialmente construída, mas, já que fica implícita e, portanto, escondida, ela é considerada um fato da natureza: é "bom aluno" quem é naturalmente inteligente. O próprio professor, como Bourdieu evidenciou, valoriza o aluno talentoso, que parece ter êxito sem esforçar-se, e menospreza o aluno que trabalha muito para atender às exigências da escola, considerado "escolar demais". Em outras palavras, e por mais paradoxal que seja, a própria escola não valoriza o trabalho escolar.

Ao se levar em conta essas análises, chega-se a distinguir o que a atividade escolar parece ser e o que ela é de verdade. Aparentemente, ela é uma atividade de formação oferecida a todos os alunos. De fato, atrás dessa fachada, funciona a atividade real, que permanece implícita: legitimar escolarmente e socialmente o poder das classes dominantes. Portanto, nessa perspectiva, o trabalho sociológico não visa a analisar o desenrolar da própria atividade, mas a desvelar os seus implícitos.

Assim, entende-se por que, por muitos anos, falou-se da escola e da desigualdade social frente à escola sem analisar detalhadamente o que acontecia nas salas de aula. O diagnóstico estava pronto antes de ser aberta a porta da sala: nela ocorria um vasto processo de ilusão e engano, cujos pormenores não importavam. A esse respeito, muito significativas são algumas linhas, no fim do livro *A Reprodução*, em que Bourdieu e Passeron avançam a hipótese de uma pedagogia racional, que explicitaria os implícitos da escola e, ao fazê-lo, possibilitaria o êxito dos jovens oriundos das classes dominadas. Descartam de imediato esta hipótese: por que as classes dominantes iriam implementar na escola uma pedagogia que levaria todos ao sucesso, enquanto a pedagogia atual beneficia os seus filhos? Não resta dúvida alguma: nesse modelo sociológico, a democratização da escola depende das lutas sociais que são desenvolvidas fora da escola e não de uma transformação interna das práticas escolares.

Hoje, uma grande parte dos pesquisadores que investigam a desigualdade social frente à escola interessa-se pela atividade escolar mesma. Em outra área é que desvelar os implícitos dessa atividade permanece a abordagem dominante: nos Estudos de gênero. Para evidenciar os valores masculinos ocultos que permeiam o universo escolar, pesquisam-se os livros didáticos, os comportamentos dos professores e das professoras, as práticas de avaliação etc. Esses implícitos foram identificados por múltiplas pesquisas e são inegáveis. Contudo, os estudos de gênero negligenciam, e geralmente silenciam, um fato muito importante: em vários países, foi comprovado que as moças são mais bem-sucedidas na escola que os rapazes. Como isso pode acontecer em uma escola cujos valores implícitos são masculinos?

Muitas vezes, os Estudos de gênero descartam esta questão com o seguinte argumento: as moças obtêm mais sucesso na escola, mas elas não conseguem valorizar os seus diplomas no mercado de trabalho. Esse raciocínio ressalta que as mulheres sempre são vítimas, inclusive quando parecem levar vantagem sobre os homens, mas não responde à questão. A escola não tem responsabilidade pelo que acontece no mercado de trabalho e o paradoxo permanece: em uma escola permeada por valores masculinos, são as mulheres que obtêm mais sucesso. Ao não se levar em conta esse fato, desliza-se da pesquisa para o discurso de vitimização.

Adriana Marrero, socióloga uruguaia, trabalha essa questão (Marrero, 2007). Ela explica que, além dos valores implícitos masculinos, há também na escola um discurso explícito, a ser levado em consideração. O que diz esse discurso explícito? Assevera que o êxito escolar não depende do sexo ou da categoria social e que qualquer um pode ser bem-sucedido na escola, desde que estude. Chegou a hora de ouvir também o discurso explícito da escola. Decerto, ele não anula os valores masculinos implícitos, mas ele produz efeitos de mobilização. Ao ouvir que ela pode ser tão boa quanto os rapazes, a moça pode mobilizar-se na escola, pois sente-se incitada a estudar. Essa mobilização é mobilização de quê? É mobilização da atividade da aluna.

Afinal de contas, por mais masculinos que sejam os valores da escola, não há muitos lugares onde uma moça ouve este discurso: que ela pode superar os homens. A escola é um dos poucos lugares que afirmam explicitamente a igualdade entre os sexos e que abre espaço para as mulheres superarem os homens – o que, de fato, elas fazem. Decerto, isso é parcialmente um engano, uma ilusão, já que os valores masculinos atravessam a escola. Sabe-se, porém, que tal ilusão tem uma realidade social. A Sociologia chama de *self-fulfilling prophecy* (profecia autorrealizável) esse fenômeno em que uma convição objetivamente errada acaba por gerar o que foi previsto. Pode-se considerar o sucesso escolar das moças e, também, o de alunos oriundos de classes populares como uma *self-fulfilling prophecy*: ao afirmar que qualquer um pode ser bem-sucedido, a escola cria as condições para que qualquer um o seja, embora isso exija um investimento pessoal maior quando se trata das moças ou dos jovens das camadas populares.

A pesquisa sobre a escola deve levar em conta, ao mesmo tempo, os seus valores implícitos e os seus princípios explícitos. Ao prestar atenção a estes, encontra-se a questão da mobilização dos alunos em seus estudos e, portanto, aquela da atividade do aluno. Faz-se necessário, logo, um modelo de análise outro que não o da Sociologia da reprodução – sem, por isso, esquecer a desigualdade social e a de gênero.

1.3. Por que é preciso levantar a questão da atividade do aluno?

A Sociologia da educação conseguiu ultrapassar o discurso da reprodução e da vitimização quando prestou atenção à resistência dos alunos. Foi importante o livro de Paul Willis, *Aprendendo a ser trabalhador*, mostrando que os jovens ingleses da classe operária desconsideram a escola e, assim, contribuem para a reprodução social através dela. Com efeito, essa resistência dos alunos às normas da escola atesta que o dominado não é um objeto sofrendo de forma passiva os processos de dominação. Quem melhor desenvolveu essa ideia foi Michel de Certeau, em particular no seu livro *Artes de fazer*, primeiro tomo de *Invenção do cotidiano*. Evidenciou que o dominado tenta subverter a ordem dominante para tirar dela algum proveito. Por exemplo, ele sabe que, para receber assistência social, deve ter aparência de pobre sério, "bom pobre". Quem é dominado não pode desenvolver *estratégias*, por lhe faltarem o controle do seu tempo e o domínio dos meios que lhe permitam atingir os seus fins. Entretanto, nem por isso fica passivo. Ele faz uso de *táticas* para aproveitar-se das situações que se apresentam e, assim, "inventa o cotidiano", por uma permanente "bricolagem" social. Resumidamente, por mais dominado que seja, um ser humano permanece um sujeito, ele atua e a sua atividade surte efeitos.

Essa é a ruptura fundamental com a Sociologia da reprodução e da vitimização, e ela traz para a frente do palco a questão da atividade. Vale destacar que tal abordagem se inscreve perfeitamente na tradição marxista: o marxismo é uma teoria da luta de classes, isto é, da atividade no conflito; não é uma teoria da reprodução das posições sociais, ou, pelo menos, não é apenas isso. O marxismo é uma teoria da *práxis*: ao transformar o mundo, o homem transforma a si mesmo. O ser humano ocupa uma posição no mundo, mas, a partir dessa posição, ele tem uma atividade sobre o mundo. A atividade do aluno na sala de aula e fora dela é tão importante quanto a sua categoria social ou sexual para se entender o que está acontecendo na escola.

Logo, faz-se necessário explicitar o que é uma atividade. Alexis Leontiev, colaborador de Vygotsky, explica que uma atividade é uma série de ações e operações, com um motivo e um objetivo (Leontiev, 1984). Por que faço isso? É o motivo. Para que o faço? É o objetivo. Como atingir esse objetivo? Realizando ações, que requerem operações. Uma atividade tem uma eficácia e um sentido. Ela é eficaz quando as operações permitem chegar ao resultado visado. O sentido da atividade, segundo Leontiev, depende da relação entre motivo e objetivo. Quando ambos coincidem, é mesmo uma atividade; senão, é apenas uma ação. Usemos um exemplo proposto pelo próprio Leontiev. Se eu estiver lendo um livro para preparar um exame, é uma ação, não é uma atividade: o motivo (o exame) não coincide com o objetivo da ação (conhecer o conteúdo do livro). Se eu estiver lendo o livro por interesse pelo conteúdo (motivo), trata-se de uma atividade. Essa distinção entre ação e atividade é interessante por destacar as eventuais defasagens entre os resultados de uma ação e seu motivo real.

Para analisar uma atividade, incluída a do aluno, é preciso interessar-se pelo sentido da atividade e pela sua eficácia.

Por que e para que um aluno estuda? Em minha opinião, essa é a questão básica, inclusive quando se pesquisa a questão das desigualdades sociais ou de gênero frente à escola. Afinal de contas, quando um aluno fracassa, não é diretamente por causa da sua condição social, embora essa possa influir também na avaliação do professor; é, antes de tudo, porque ele não estudou o suficiente. Por que não estudou o suficiente? Esta questão remete ao sentido que o aluno atribui ao estudo. Para se entender esse sentido, é preciso levar em conta a posição social e o sexo do aluno, que interferem bastante na sua relação com o saber e com a escola. Minhas pesquisas sobre essa relação focalizam três questões, ligadas. Para o aluno, em especial para um aluno de meio popular, qual é o sentido de ir à escola? Para ele, qual é o sentido de estudar, ou de se recusar a estudar? Qual é o sentido de aprender e de compreender, quer na escola, quer fora da escola? (Charlot, 2000, 2005a, 2009; Charlot; Bautier; Rochex, 1992).

Trata-se, fundamentalmente, de investigar a mobilização do aluno no estudo. Evito falar de *motivação*, prefiro usar a palavra *mobilização*. Com efeito, "motivar os alunos" consiste, muitas vezes, em inventar um truque para que eles estudem assuntos que não lhes interessam. Prestar atenção à mobilização dos alunos leva a interrogar-se sobre o motor interno do estudo, ou seja, sobre o que faz com que eles invistam no estudo. Motiva-se alguém de fora, mobiliza-se a si mesmo de dentro. Ao levantar a questão da mobilização, encontra-se a do desejo e, logo, a do inconsciente e, de forma mais geral, a teoria psicanalítica – que Vygotsky e Leontiev descartavam (Charlot, 2005b).

Encontra-se a questão do sentido por outro caminho, diretamente ligado à experiência docente. Ninguém aprende sem desenvolver uma atividade intelectual; ou seja: quem não estuda, não aprende. Logo, vem a questão do "motivo" desse investimento na atividade, para utilizar a palavra de Leontiev. Qual o sentido dessa atividade para o aluno? Quando não existe nenhum sentido, não há atividade alguma: ninguém faz algo sem nenhum motivo. Mas a situação mais frequente na escola é aquela em que o aluno age por um motivo não relacionado com o próprio saber. No caso extremo, encontra-se o adolescente francês que, um dia, disse: "Na escola, gosto de tudo, fora as aulas e os professores". No caso comum, acham-se os alunos que estudam para tirar uma boa nota ou ganhar o celular prometido pelo pai. No caso ideal, o aluno estuda porque se interessa pelo conteúdo estudado. Está claro que a eficácia do estudo não é igual em todos esses casos. Leontiev diria que só o último trata de atividade, enquanto os demais são ações nas quais existe um descompasso entre motivo e objetivo.

Aprender requer uma atividade intelectual. Só se engaja em uma atividade quem lhe confere um sentido. Quando esse sentido é afastado do resultado visado pela ação de estudar, o engajamento nesta é frágil. Ao contrário, quando motivo e objetivo da atividade coincidem, esta faz muito sentido e sente-se prazer ao desenvolvê-la e, ainda mais, ao atingir o objetivo. Atividade, sentido, prazer: esses são os termos da equação pedagógica a ser resolvida.

A questão da desigualdade social e de gênero frente à escola não é perdida de vista. Ela é integrada em uma perspectiva mais ampla do que a da reprodução, da vitimização, da ação unilateral dos dominantes: qual é o sentido da escola, da atividade escolar, do saber, do aprender quando se pertence a uma classe social ou a um sexo dominado? Esse sentido é construído fora da escola, claro está, mas decorre também, por muito, do que está acontecendo dentro da escola. Os alunos não são iguais frente à escola: nesse ponto, a Sociologia da reprodução está certa e os seus achados permanecem importantes. Mas, ao levar em consideração a questão da atividade escolar, que ela negligenciou, torna-se possível descartar o determinismo sociológico e, assim, entender como é possível que alunos dos meios populares sejam bem-sucedidos na escola, apesar de todas as probabilidades contrárias, e como é possível que as moças tenham mais êxito do que os rapazes em uma escola permeada por valores masculinos.

Contudo, para analisar a atividade do aluno, não basta levantar a questão do seu sentido; é preciso, ainda, prestar atenção à sua eficácia. O que vamos fazer adiante.

2. A atividade escolar, na perspectiva da própria escola e na dos alunos

Fracassa o aluno que não estuda, mas fracassa também o aluno que desenvolve na escola uma atividade outra que não aquela que caracteriza a escola.

2.1. Qual é a especificidade da atividade escolar?

Responder detalhadamente a essa questão requer análises precisas e longas, que não podem ser desenvolvidas neste artigo, de tamanho limitado. Portanto, apresentarei diretamente algumas conclusões, consideradas como enunciados a serem discutidos (Charlot; Bautier; Rochex, 1992; Charlot, 2000, 2009).

A escola é um lugar onde o mundo é tratado como objeto e não como ambiente, lugar de vivência.

Às vezes, esse objeto de pensamento tem um referente fora da escola, no meio de vida do aluno. Mas, nesse caso, a relação com o objeto de pensamento deve ser diferente da relação com o referente. A Lisboa de que fala o professor de Geografia não deve ser confundida com a Lisboa em que o aluno vive. De certo modo, trata-se da mesma cidade, mas a relação com ela não é similar nos dois casos: esta é lugar de vivência, aquela é objeto de pensamento. Quando o aluno não consegue fazer a diferença entre ambas e se relaciona com aquela como se fosse esta, ele tem problemas na escola. Por exemplo, o professor pergunta quais são as funções da cidade de Lisboa, o que requer pensar a cidade no seu papel de capital, e o aluno responde narrando como ele, seus pais e seus amigos andam pela cidade.

Muitas vezes, o objeto de pensamento da escola não tem referente no meio de vida do aluno. Pertence a um universo específico, construído pela Ciência e pela escola. As operações básicas da Aritmética têm alguns referentes nas práticas sociais fora da escola, onde os alunos contam, adicionam, multiplicam, mas esses referentes passam a ser raros quando o aluno avança na Álgebra: quem, na sua vida, resolve equações do segundo grau? A noção de peso tem um referente no mundo cotidiano, a de átomo não tem. Controlar a relação entre o objeto de pensamento e os seus referentes no meio de vida, e introduzir o aluno em universos intelectuais constituídos por objetos cujo sentido não decorre de uma relação com o mundo vivenciado é, sob duas formas correlatas, o problema central da pedagogia escolar.

Sendo assim, temos de repensar a questão da ligação entre o mundo familiar do aluno e o que se ensina na escola. Muitas vezes, tenta-se resolver o problema do fracasso escolar ligando tudo ao mundo cotidiano do aluno. Essa ligação, porém, constitui, ao mesmo tempo, um apoio e um obstáculo. É um apoio porque ela dá sentido ao que a escola ensina. É obstáculo quando ela oculta o sentido específico da atividade escolar. Assim, Vergnaud mostrou como a representação familiar da subtração obsta à sua compreensão matemática (Vergnaud, 2005). O José sai de casa com trinta euros e perde dez euros: com quantos euros volta a casa? O aluno resolve esse problema sem dificuldade porque os significados de "perder" e de "subtrair" convergem. Agora, o José sai de casa com trinta euros, ganha dinheiro e volta a casa com cinquenta euros: quanto ele ganhou? Para resolver o problema, o aluno deve fazer uma subtração, o que, para ele, não é lógico, já que o José ganhou dinheiro. Poder-se-ia dar muitos exemplos em que a referência ao mundo cotidiano cria uma dificuldade para o aluno (Silva, 2004, 2009). Poder-se-ia, ainda, evocar a noção de obstáculo epistemológico em Bachelard e as ideias de Vygotsky, sustentando que existe uma diferença de natureza entre saber comum e saber científico ou escolar (Bachelard, 1996; Vygotsky, 1987). O que importa é que o ensino tenha sentido, não é que esteja ligado ao mundo familiar do aluno; esta opção representa apenas uma solução possível, em certos casos, e pode ser perigosa ou impossível em outros.

Para relacionar-se ao mundo como objeto de pensamento, são fundamentais os processos de distanciação-objetivação e de sistematização. A distanciação possibilita ao aluno sair do mundo subjetivo das emoções, dos sentimentos, da experiência vivenciada e pôr o mundo como objeto a ser pensado. Distanciação e objetivação são indissociáveis e ocorrem em um só processo: o Eu constitui-se em um Eu epistêmico, distinto do Eu empírico, no processo pelo qual ele coloca o mundo como objeto de pensamento. Esse processo de distanciação-objetivação só é possível graças à linguagem; somente pela linguagem podem existir objetos de pensamento e um sujeito racional para pensá-los (Vygotsky, 1987). Se na escola impera a linguagem, é porque esta possibilita construir objetos de pensamentos diferentes dos objetos de vivência, o que é a especificidade da escola.

A sistematização é um processo complementar da distanciação-objetivação. É possível constituir objetos de pensamento sem ligá-los em sistema, mas este sempre é o horizonte do pensamento, visto que um conceito é definido pelo conjunto de relações que ele mantém com outros conceitos e não por uma ligação direta com um referente. A sistematização é que permite construir disciplinas (Matemática, Física, História etc.) e não é por acaso que o projeto interdisciplinar sempre esbarra no problema da sistematização. Quer em Vygotsky, quer em Piaget, a questão da sistematização é fundamental. Para Vygotsky, há três diferenças entre saber cotidiano e saber científico: este é o consciente, voluntário e sistematizado, diferentemente daquele (Vygotsky, 1987). Para Piaget, chega-se ao fim da construção das operações intelectuais quando se pode pensar sistemas, isto é, quando o real é a realização de uma possibilidade do sistema (Piaget, 2008; Inhelder; Piaget, 1976).

Distanciação, objetivação, sistematização, ou seja, indissociavelmente, constituição do Eu como Eu epistêmico e do mundo como objeto de pensamento, definem a especificidade da atividade escolar. Essa definição vale para as disciplinas fundamentadas em enunciados (Matemática, História, Português...), mas, também, para disciplinas que se ocupam do corpo ou das Artes. Há uma diferença entre a peleja na rua, com pontapés e tapas, e a luta desportiva na escola. A luta tem regras, normas, que podem ser faladas, explicitadas, enquanto a peleja é uma vivência sem palavras (senão palavrões). Da mesma forma, há uma diferença entre o desenho bonitinho do aluno da escola de educação infantil e um quadro de Picasso: diferença de técnica, de construção, de incorporação ou recusa ostensiva de normas.

Existe uma especificidade da atividade escolar. Ela requer determinadas relações com o mundo, com os outros, consigo mesmo, com a linguagem, com o tempo, que definem certa relação com o saber e com a escola (Charlot, 2000, 2005a). Essas relações não são socialmente neutras, uma vez que começam a ser construídas na classe média, que valoriza a linguagem, enquanto a relação com o mundo das classes populares é outra. Portanto, não é surpreendente que os filhos das classes populares tenham mais dificuldades na escola que os filhos da classe média.

Entretanto, essa atividade escolar específica não é um "arbitrário cultural", um simples reflexo das normas das classes dominantes, como o sustentam Bourdieu e Passeron (1992). Ela tem um valor de formação, um valor antropológico, por ser uma forma específica e muito elaborada de se relacionar com o mundo. É preciso evitar dois erros. Primeiro erro: considerar essa atividade como simples imposição da classe dominante, esquecendo-se do seu valor de formação. Segundo erro, simétrico: considerar que só essa atividade tem um valor. Há outras formas de aprender, outras formas valiosas de se relacionar com o mundo, com os outros, consigo mesmo, outras atividades que valem a pena de ser desenvolvidas e aperfeiçoadas em uma vida humana. A esse respeito, deveríamos refletir sobre o fato de que, hoje em dia, a escola invadiu a vida dos jovens e tende a impossibilitar outras formas de se relacionar com o mundo.

2.2. Será que a atividade escolar pode ser considerada um *trabalho*?

A resposta a essa questão depende, obviamente, da forma como se define o que é um "trabalho".

De três pontos de vista a atividade escolar pode ser considerada um trabalho. Exige esforço e gasta energia. Funciona sob condições de tempo, espaço, material e é avaliada. Por fim, desenrola-se em um quadro social. Portanto, ela apresenta certas características do trabalho. Aliás, pelo menos na França, as crianças novas, em especial na educação infantil, fazem questão de dizer que, na escola, *trabalham*. Ter uma atividade social e séria fora de casa, como os pais, atesta que já se é "grande".

No entanto, existem diferenças fundamentais entre a atividade do aluno e o trabalho fora da escola. O filósofo Alain ressalta o que distingue o aluno e o aprendiz. Este não pode desperdiçar a matéria, nem perder tempo, porque matéria e tempo são dinheiro. Portanto, ele não pode tentar e, logo, não está em boas condições para pensar. Pelo contrário, o aluno pode ensaiar, tentar, fracassar, recomeçar e, ao fazê-lo, não perde dinheiro: ganha formação (Alain, 1969).

Do ponto de vista marxista, também, deve-se distinguir trabalho e atividade escolar. Com efeito, esta não gera mais-valia, pelo menos imediata e diretamente; ela produz formação. Por isso, o aluno não recebe salário; ganha conhecimento, competência, notas, diploma.

Afinal de contas, a atividade escolar é ou não é um trabalho? Poder-se-ia dizer que os alunos "trabalham" (entre aspas), fazendo uma coisa específica que se chama estudar. Entretanto, os próprios alunos têm cada vez menos consciência da especificidade da atividade escolar. Como vamos ver, eles tendem a considerá-la como um trabalho imposto aos jovens pelos adultos.

2.3. Quando a atividade escolar se degrada em trabalho alienado

Hoje em dia, cada vez mais se esquece da escola como lugar de saber e se pensa nela como caminho para o emprego. Encontra-se esta relação com o saber e com a escola na fala dos pais, nos discursos dos políticos, nos artigos dos jornais, no *marketing* das escolas particulares e, portanto, não é de se admirar que ela tenha se tornado dominante, também, entre os alunos.

As minhas pesquisas sobre a relação com o saber evidenciaram que muitos alunos vão à escola para passar de ano, receber um diploma e ter um bom trabalho mais tarde. Essa posição é realista, claro está, mas o problema é que cada vez mais alunos frequentem a escola apenas para isso (e, claro, para verem os amigos). A escola como lugar de saber e de formação está sendo ocultada pela escola como promessa de inserção socioprofissional. Já ouvi jovens perguntando: "Os professores recebem um salário, por que é que nós não recebemos um salário?" Na lógica deles, essa pergunta é legítima: a escola é o início da carreira profissional e, portanto, o aluno já deveria receber um pequeno salário.

Além disso, para muitos alunos, no Brasil como na França, quem é ativo no ato de ensino-aprendizagem não é o aluno, mas o professor. O que significa estudar, para crianças brasileiras da quarta série (quinto ano)? É fazer o que a professora diz que se deve fazer. É escutá-la, sem bagunçar, brincar, brigar (Ireland *et al.*, 2007). Quem vai à escola e presta atenção ao que diz a professora cumpriu o seu dever de aluno. O que vai acontecer a seguir depende da professora. Se ela explicar bem, o aluno vai saber e tirar uma boa nota. Conclusão lógica:

a nota ruim é injusta quando o aluno escutou a professora. Se ele não entendeu nada, é porque a professora não explicou bem e é ela quem deveria tirar a nota ruim.

Nessa lógica, a ideia de atividade intelectual do aluno é que some. A escola torna-se um lugar onde se devem cumprir tarefas. Por quê? Porque a professora mandou e quem não obedece não vai passar de ano e não conseguirá um bom emprego mais tarde. Para Leontiev, como vimos, só se pode falar de atividade quando o motivo e o objetivo coincidem: estuda-se para apropriar-se de um conhecimento. Na lógica que está se tornando dominante, estuda-se (quando se estuda...) para ter boas notas, passar de ano, ser aprovado no vestibular, ter um bom emprego: motivo e objetivo discordam. Portanto, não existe mais atividade. Sendo assim, qual é a significação do que o aluno faz na escola? Leontiev responderia que se trata de ações. Podemos dizer, também, que é um trabalho: um trabalho alienado. Os alunos devem gastar energia para cumprir normas e ganhar boas notas, mas foram desapropriados e desapropriam a si mesmos do sentido do que fazem. Quando a atividade escolar perde a sua especificidade, apenas sobra um trabalho alienado, quer se trate do aluno ou do professor. E esse trabalho, temos de admiti-lo, é chato, muito aborrecido.

Devemos refletir sobre isso. Até que ponto nossas escolas fazem os alunos terem uma atividade intelectual, introduzem-nos em universais novos, constroem outras formas de se relacionar com o mundo? Até que ponto, ao contrário, privilegiam tarefas estandardizadas e obediência às normas? Eis um elemento de resposta: quando um aluno chega atrasado à escola, deve ir de imediato ao escritório do coordenador para justificar-se e, assim, perde mais um pouco da aula. Dar satisfação à instituição é mais importante do que aprender...

Capítulo V

Relação com o saber na sociedade contemporânea: reflexões antropológicas e pedagógicas

Relação com o saber na sociedade contemporânea: reflexões antropológicas e pedagógicas

Neste texto, focarei a questão da relação com o saber, mas, levando em conta que se trata de um colóquio de filosofia e educação, vou manter-me o mais próximo possível da filosofia. Sou filósofo de formação; entretanto, afastei-me da filosofia para aproximar-me mais da sociologia e, especialmente, da educação. Gosto da filosofia porque me permite entender o mundo; porém fico um pouco irritado quando um filósofo fala, apenas, a outro filósofo. Reconheço que a formação filosófica que tive foi fundamental, mas saí da filosofia porque, para compreender o tema de pesquisa de minha vida, ou seja, as dificuldades da aprendizagem das crianças, em particular, as dificuldades das crianças de meios populares, a filosofia não era suficiente.

Hoje, vou cruzar as duas perspectivas: a da educação propriamente dita e a da filosofia. Num primeiro momento, explicarei qual foi o olhar que usei para analisar as salas de aula, os alunos, as suas histórias etc. e contraporei esse olhar ao da sociologia da reprodução. Num segundo momento, abordarei questões como: por que enviamos nossas crianças à escola? Por que a criança tem de aprender tantas coisas e por tanto tempo (nenhuma outra espécie tem jovens que

> Conferência proferida no "III Seminário Internacional sobre Filosofia e Educação: racionalidade, diversidade e formação pedagógica", ocorrido na Universidade de Passo Fundo, Rio Grande do Sul, de 24 a 26 de setembro de 2008. A conferência foi transcrita pelos acadêmicos de filosofia Eduardo Morello e Lizbeth Kossmann e revisada pelo professor da Universidade de Passo Fundo, Jaime Giolo, e pelo próprio autor. O texto mantém, portanto, como não poderia ser diferente, o tom coloquial característico de uma exposição oral. O texto foi publicado em: CENCI, Angelo Vitório *et al.* (Orgs.). *Sobre filosofia e educação*: racionalidade, diversidade e formação pedagógica. Passo Fundo: Ed. Universidade de Passo Fundo, 2009.

passam tanto tempo para aprender)? Afinal de contas, o que é um ser humano? Note-se que são questões de natureza filosófica. Num terceiro momento, direcionarei esses instrumentos para a sala de aula, para refletir sobre alguns temas, mostrando suas articulações com a questão filosófica.

1. Questões pedagógicas e epistemológicas

Qual tipo de olhar, qual tipo de abordagem permitem entender o que está acontecendo na história escolar de uma criança, seja na própria sala de aula, seja no mundo externo? A questão central, inclusive quando se trata de política educacional, é a seguinte: o que se tem de fazer para aprender alguma coisa? Por que há crianças que não conseguem aprender? Sabemos que aquilo que chamamos de Razão é universal, mas, mesmo assim, há crianças que não conseguem aprender. Essa é a questão central também para transformar a escola, porque nenhum texto legal, nenhum computador em si mesmo conseguiram, até hoje, transformar a escola. A transformação da escola está estritamente relacionada com a atividade do aluno. A última instância é essa atividade: se o aluno não tem uma atividade intelectual, claro que não aprende. Só aprende quem tem uma atividade intelectual. Às vezes, explicamos alguma coisa para os alunos ou para os próprios filhos e percebemos que eles não entendem; explicamos de novo e ainda não entendem; gostaríamos de entrar no cérebro deles e consertar o mecanismo do entendimento, mas não é possível. Esse é o ponto onde o ensino mostra os seus limites. Ele não consegue desencadear a aprendizagem se não encontrar, da parte do aluno, uma atividade intelectual que vá ao encontro daquilo que se quer ensinar. Só aprende quem tem uma atividade intelectual, mas, para ter uma atividade intelectual, o aprendiz tem de encontrar um sentido para isso. Um sentido relacionado com o aprendizado, pois, se esse sentido for completamente alheio ao fato de aprender, nada acontecerá. Uma vez, um adolescente francês me disse: "Na escola, eu gosto de tudo, menos das aulas e dos professores." É claro que, mesmo nesse caso, a escola tem sentido para o aluno, mas esse sentido não está relacionado com o aprender. Não há prazer e, portanto, não há sentido em aprender.

Só aprende quem encontra alguma forma de prazer no fato de aprender. Quando digo "prazer" não estou opondo prazer a esforço. Não se pode aprender sem esforço; não se pode educar uma criança sem fazer-lhe exigências. Não há contradição entre prazer e esforço. Quem faz esporte sabe que pode, por meio dele, obter prazer. Dizem que se pode obter prazer das atividades esportivas e sabemos que elas, de forma geral, requerem muito esforço.

Para mim, o prazer e, portanto, o desejo são elementos fundamentais da vida escolar. Por isso desisti de raciocinar em termos de motivação. Não gosto muito dessa ideia de motivar os alunos, porque, muitas vezes, esse ato de motivar é o mesmo que enrolar os alunos para que eles façam alguma coisa que não estão a fim de fazer. O problema não é de motivação, mas de mobilização, que é coisa muito diferente. A motivação é externa, ao passo que a mobilização é um fenômeno interno: motiva-se alguém de fora, enquanto mobiliza-se a si mesmo de dentro. O problema é saber como podemos despertar no aluno um movimento interno, um desejo interno de aprender. O que permite uma aula ser interessante? É interessante quando um desejo, no sentido profundo do termo, é satisfeito pelo encontro com um conteúdo intelectual. Mas como se pode gostar de uma equação de matemática, de uma fórmula de química? O que e como fazer para que o próprio aluno se mobilize para aprender? Como despertar um desejo interno?

O que aparece de imediato é a questão da relação com o saber. Na escola, quem aprende não é o eu empírico, não é o eu da experiência cotidiana; quem aprende na escola é o eu epistêmico, o que os filósofos chamam de Razão, o eu pensante. Por isso, muitas vezes, a didática não serve para nada, porque a didática supõe um aluno que já quer aprender. Mas há sempre alunos que não estão interessados em ingressar em uma atividade intelectual. Para esses, a didática tradicional tem pouco a dizer. Fazendo justiça, é preciso reconhecer que a própria didática começa a se interessar pela relação com o saber: como fazer para que o aluno se envolva em uma atividade intelectual, ou seja, como fazer advir o Eu epistêmico a partir do Eu empírico?

Já adentramos em questões filosóficas. Na relação com o mundo, na relação consigo mesmo, na relação com os outros, o aluno precisa ascender ao eu epistêmico, porém sem perder a experiência cotidiana. De imediato, vem a pergunta: por que há alunos que não entram em uma atividade intelectual? Na verdade, há alunos que nunca entenderam o que está acontecendo na escola, nunca entraram efetivamente na escola. No Brasil, fala-se de evasão escolar, o que é estranho porque o verbo evadir representa melhor a ação de quem foge da cadeia; na França, fala-se em abandono escolar. Em minha opinião, na maioria dos casos, os alunos nem se evadem, nem abandonam a escola: eles nunca entraram na escola. O problema não é saber por que eles saem, o problema fundamental é saber por que muitos alunos nunca entram nas lógicas simbólicas da escola. Eles são matriculados administrativamente, estão presentes fisicamente (algumas vezes, pelo menos), mas nunca entenderam o que consiste estar ali.

Talvez uma das coisas mais importantes a se ensinar aos alunos seja o que significa ir à escola, a especificidade da escola, o que se faz na escola. Quando pergunto aos alunos, seja na França, seja no Brasil, o que é realmente importante, eles me dizem: "Ah! O que importa é aprender a vida." Para eles, a vida se aprende apenas *na* vida e *pela* vida. Nessa resposta, parece existir uma concorrência entre uma forma de relação com o aprender que funciona na escola e outra que funciona fora da escola. Fora da escola aprendemos muitas coisas (e coisas muito importantes) e temos uma forma de relação com o mundo, com os outros, com o saber, com a linguagem, com o tempo, que é diferente daquela que se encontra na escola. O "aprender", ou seja, o processo pelo qual aprendemos uma coisa, seja ela qual for, apresenta-se sob formas várias e heterogêneas. Aprender na escola é uma dessas formas, específica, valiosa, mas não única. Devemos respeitar a forma escolar de aprender, mas reconhecer, também, que existem outras.

Para mim, essa questão da heterogeneidade das formas do aprender é fundamental. A ideia de heterogeneidade permite combater a ideia de que há *carências* nos alunos dos meios populares. Eles não têm carências; têm, sim, outra forma de se relacionar com o mundo, outro tipo de vínculo com o mundo, outra forma de entrar em um processo de aprender. É claro que há alunos que sabem coisas e outros que não sabem. Esse não saber, entretanto, não é carência, pois se trata de um fenômeno derivado, uma consequência, e não um elemento primeiro que caracteriza a pessoa. O que caracteriza a pessoa é sua forma de se relacionar com o mundo, com os outros, consigo mesma e, portanto, com o saber e, de forma mais geral, com o aprender. Depois disso, se ainda quisermos falar em carências, temos de falar de forma recíproca: os filhos da classe média têm muitas carências também. Coloquem uma criança de classe média em um grupo de jovens de meio popular, durante um dia, e verão quantas "carências" apresenta aquela criança...

"Carência" não é um conceito que permite pensar o que acontece no campo do saber ou o sentido das situações ou a atividade. É por isso que faço uma leitura de sentido positivo do mundo e não de sentido negativo. O que é uma leitura de sentido negativo? Consiste em explicar o mundo por meio do que não se encontra nele. Não é uma coisa muito complicada, fazemos isso sempre: falamos de sem-terra, sem-teto, sem-isto, sem-aquilo. Falar dos sem-terra é falar deles do ponto de vista de quem tem terra. É uma leitura negativa do mundo. Ao contrário, refletir sobre como pode ou como tenta sobreviver aquele que não tem terra é abordar o problema sob outra perspectiva, em um sentido positivo, isto é, do ponto de vista da pessoa de que se fala. Igualmente, falar de aluno fracassado, como se o fracasso fosse apenas a ausência de êxito escolar, é falar desse aluno a partir do ponto de vista do bem-sucedido. Claro, o aluno fracassado não tem o que tem o aluno bem-sucedido, e aquele não é como é este. Mas o que tem? Como ele é? Ele é algo ou apenas um não ser? Evidentemente, ele é alguém e não pode, portanto, ser caracterizado em termos de carências.

Temos de ler o mundo com a lógica dos outros, com os olhares dos outros, para entender como se constrói a experiência dos outros, como se estrutura o mundo dos outros.

2. Além da questão sociológica

Podemos abordar esse tema, também, sob o ponto de vista da sociologia. O que mostrou a sociologia? Evidenciou que existe uma correlação estatística entre, por um lado, a origem familiar e escolar da criança e, por outro, o grau de sucesso ou de fracasso escolar. Não tenho nenhuma dúvida sobre isso; é um fato comprovado. Essa correlação, entretanto, permite falar apenas em termos de probabilidade, não em termos de causa e efeito. Nunca os sociólogos disseram (ou pensaram que estavam dizendo) que a família é a *causa* do sucesso ou do fracasso escolar. Isso é palavra de jornalista, não é palavra de sociólogo; é palavra de militante ou é palavra de professor. Nunca a sociologia disse isso. Decerto, ela mostrou que há uma correlação entre origem, familiar e social, de um lado, e êxito ou fracasso, de outro. No entanto, acontece que, em uma mesma família, às vezes, há um filho bem-sucedido e outro fracassado; em um mesmo meio social e cultural, alguns são bem-sucedidos na escola, outros não. Essa realidade não pode, portanto, ser tratada em termos de *causa* e *efeito*. Pode-se falar em probabilidade ou tendência de sucesso ou de fracasso, ficando, com isso, aberta a possibilidade dos êxitos paradoxais (êxitos de crianças que não deveriam ser bem-sucedidas) e dos fracassos paradoxais dos filhos de classe média.

Vejamos o que diz a sociologia da reprodução por meio do conceito de *habitus*. Na definição de Bourdieu, o *habitus* é um conjunto de disposições psíquicas (cuidado: *"habitus"* remete a disposições psíquicas e não a normas sociais), duráveis, transponíveis, que foram socialmente estruturadas e que funcionam como princípios de estruturação de práticas e de representações. Isso significa que, quando jovens, construímos, de acordo com o nosso meio social, formas de pensar, esquemas intelectuais, disposições psíquicas... Depois, organizamos nossas ações e nossos pensamentos de acordo com essas disposições psíquicas. Por isso, o *habitus* dá conta, ao mesmo tempo, da força do social e da ilusão da liberdade. Exemplo: o gosto é aparentemente uma coisa singular, que pertence a cada um de forma específica. Nas casas populares, muitas vezes, há quadros (cópias de quadros) com figuras de cavalos robustos e de crinas ao vento. Os moradores dizem que têm esses quadros porque gostam. Mas as estatísticas evidenciam a frequência desse tipo de quadros nos meios populares. Esse tipo de quadro também se encontra em hotéis simples e outros estabelecimentos frequentados pelas classes populares. Encontrei essa arte no mundo inteiro. Cada um acha que se trata de gosto pessoal, mas na verdade os gostos pessoais são semelhantes, similares, porque foram constituídos socialmente.

O conceito de *habitus* permite uma explicação interessante, mas há momentos e lugares nos quais ele não funciona. Não consegue dar conta das mudanças da história e não podemos evitar a questão da história. Cada um de nós tem uma história que é, ao mesmo tempo, uma história social e uma história singular. Para entender o que está acontecendo em uma sala de aula ou o que está acontecendo com um aluno, não podemos negligenciar essa história. Cada um de nós tem uma forma singular de viver sua posição social. Temos uma posição social objetiva, mas também uma posição social subjetiva. Um exemplo: vamos imaginar uma criança nordestina de sete anos que migra com toda a família para São Paulo. Essa criança se chama Lula e sua posição social é baixa em São Paulo, como era baixa no Nordeste. Essa criança, segundo sua posição social e do ponto de vista da estatística, jamais poderia ser Presidente da República. Só que resta saber o que Lula vai fazer, subjetivamente, da sua posição objetiva. Ele tem várias respostas possíveis: ele pode morrer de vergonha de ser nordestino; ele pode começar a fazer capoeira para valorizar a cultura nordestina; ele pode se tornar operário e lutar. Há várias formas subjetivas de como podemos ocupar uma posição social objetiva. Não estou desistindo da posição social objetiva; claro que ela é muito importante, mas, quando conheço a posição social objetiva, eu preciso saber, ainda, o que cada um faz dessa posição social objetiva. O que vai decidir na mobilização intelectual dessa pessoa é a *interpretação* de sua posição social objetiva e, portanto, sua posição social subjetiva.

Isso parece fundamental para entender o que está acontecendo na história escolar de um aluno, sem desistir nem da perspectiva social, nem da perspectiva da singularidade individual. Levar em conta a história é levar em conta o fato de que somos sujeitos. Não somos apenas agentes sociais, somos atores. Fala-se de ator quanto se tem história; somos atores e somos sujeitos. Sendo sujeitos, temos desejos. Não podemos pensar a questão da escola sem levar em conta o desejo. O aluno é um sujeito que tem desejos, que interpreta o mundo e sua situação nesse mundo (o que está acontecendo e o que lhe está acontecendo, o que ele é, o que ele vale etc.). Ele tem prazeres e sofrimentos. Ao mesmo tempo que pode se sentir fracassado na escola, pode experimentar a sensação de triunfo, liderando uma gangue no seu bairro. Ele tem uma história que se desenrola em uma história mais ampla, que é a história de uma sociedade, de uma cultura, da espécie humana. Esse aluno tem uma posição social básica, definida em termos de renda e condições de vida, mas, também, tem várias outras posições sociais.

Por fim, não apenas ocupamos uma *posição* no mundo, temos uma *atividade* no mundo e sobre o mundo. O marxismo não é uma teoria da posição social; é antes de tudo uma teoria da luta social, da atividade, da *práxis*. Enquanto ser ativo, cada um luta, pode lutar, para mudar o que está acontecendo, para transformar a sua posição social, individual ou coletivamente.

Sentido, história, atividade: temos de introduzir essas perspectivas no debate para entendermos o que acontece na escola, embora não possamos, claro, esquecer a importância da desigualdade entre as posições sociais objetivas.

3. Questões antropológicas

Essas primeiras abordagens levam a questões antropológicas (antropológicas no sentido da antropologia filosófica de Kant), requeridas para aprofundar e fundamentar a análise. O princípio básico é o seguinte: o homem não é dado, o homem é construído. Ele é construído sob três formas. A espécie humana é construída por ela mesma no decorrer da história; o homem é construído enquanto espécie humana. Também, ele é construído como membro de uma sociedade e de uma cultura; a sociedade e a cultura têm uma história e cada um de nós pertence a uma cultura que foi constituída no tempo. Por fim, o homem é construído enquanto sujeito singular que tem uma história singular. Portanto, a educação é um triplo processo: um processo de humanização, de socialização, de subjetivação/singularização. São três dimensões indissociáveis, três processos que só podem acontecer graças à educação.

É pela educação que a relação entre as gerações não é apenas uma relação de hereditariedade biológica; é, mais que tudo, uma herança cultural. Somos herdeiros culturais das gerações precedentes e não apenas herdeiros biológicos. Trata-se de uma especificidade da espécie humana. A ideia não é nova. Já se encontrava no mito grego de Prometeu. Os deuses criaram todas as espécies, distribuindo as qualidades entre elas: a uma a de voar, a outra a de nadar, a outra a de se defender. Quando chegou a vez do homem, não havia mais qualidade alguma para lhe dar. Este ficou nu, sem nada. Prometeu teve pena do homem e foi à casa dos deuses roubar o fogo para entregá-lo a ele. Prometeu foi castigado por esta proeza: foi atado em uma rocha, tendo uma águia a comer-lhe o fígado pela eternidade afora. Esse mito é muito lindo porque significa que o homem nasceu nu e sobreviveu graças à Técnica. Essa já é a ideia de que o homem cria as suas próprias condições de sobrevivência.

Encontra-se essa ideia também em Kant. Ele explica que o homem nasce incompleto, imperfeito, no sentido etimológico do termo. O animal é quase perfeito (feito completamente); o homem é imperfeito, incompleto e vai ter de se completar após o nascimento. Kant explica que a humanidade, a espécie humana, tem somente a razão e a vontade livre para tirar de si mesmo o que humanidade deve ser. Ele espera que, ao final desse processo, se vai chegar a uma paz perpétua.

Marx, por sua vez, foi mais longe. Na VI Tese sobre Feuerbach, ele disse uma coisa fundamental: a essência do ser humano não fica dentro do ser humano; a essência do ser humano é o conjunto das relações sociais. Vygotsky e outros intelectuais explorarão, mais tarde, essa tese de Marx. A espécie humana, para sobreviver, tem de trabalhar. O trabalho coletivo, que é feito através da história, permite à espécie humana não apenas sobreviver, mas também construir um mundo próprio. Esse processo é feito por meio da *práxis*. *Práxis* é o processo pelo qual o homem transforma a natureza e, ao transformá-la, transforma a si mesmo. Podemos generalizar: o homem construiu o seu mundo, inclusive a natureza (que não tem mais nada de natural, trata-se uma natureza humanizada), e, ao construir seu mundo, ele se construiu. A espécie humana inventa-se através de sua relação de trabalho com a natureza, no decorrer da história. Vygotsky explica que, nessa construção coletiva, os homens criaram instrumentos materiais e, também, conceituais, porque para o trabalho coletivo é necessária a comunicação. Assim foram forjadas as significações que são, ao mesmo tempo, palavra e sentido.

A educação é o movimento pelo qual uma geração recebe as criações culturais das gerações antecedentes e as transmite, ampliadas, às gerações seguintes, continuando, desse modo, o processo de criação da espécie. Mas, ao receber esse legado, cada um de nós, ao mesmo tempo, se constrói como um ser singular. Isso é fundamental para compreender a educação. Nascemos como possibilidade e vamos nos tornando seres humanos concretos por meio da educação, que nos permite incorporar o que foi criado pela própria espécie humana no decorrer de sua história (ou, pelo menos, uma parte do que foi criado). Isso significa duas coisas: o homem nasce quase sem nada, mas, quando ele nasce, ele chega em um mundo humano que o antecedeu. Ou seja, a essência do ser humano (o que faz com que sejamos seres humanos) não é uma coisa que está dentro de nós; está fora de nós, na forma de patrimônio criado pela espécie humana no decorrer da história.

A consequência fundamental e primeira do fato de nos tornarmos humanos pela incorporação da história da espécie é que temos direito à educação. A educação é um direito antropológico. O fato de que nascemos como possibilidade significa que o princípio básico é o da educabilidade. O princípio de educabilidade é um princípio fundamental e permanente da condição humana: o ser humano nunca é completo, nunca pode se fechar, nunca coincide completamente com o que pode vir a ser. Não existe ser humano em si; por condição, o ser humano é certa realização social e cultural da humanidade (ou da *humanitude*, como, às vezes, dizem), que sempre fica aberta.

Ademais, é uma realização singular da humanidade. Com efeito, sempre o ser humano se realiza como ser singular, mesmo que nem sempre tenha consciência disso. Se tomarmos dois gêmeos univitelinos, veremos que mesmo eles são diferentes; isso porque, em primeiro lugar, cada um deles tem um corpo. Nunca devemos esquecer que cada ser humano tem um corpo. Por termos um corpo, nascemos em um lugar determinado, em um momento determinado e ninguém vai ocupar exatamente o mesmo espaço no mundo do que nós, porque não tem espaço para dois corpos no mesmo lugar. Temos corpo; somos seres singulares. Esse fato, entretanto, não nega o social. Ao contrário, reforça-o. Somos originais e singulares porque somos sociais e, quanto mais sociais formos, mais singulares seremos. Imaginemos dois vizinhos que nascem na mesma aldeia e nunca saem dali. Um vai ser muito parecido com o outro ou, pelo menos, eles serão mais parecidos do que se ambos ganhassem o mundo e vivessem outras experiências sociais. Se fizerem isso, conquistarão mais originalidade; quanto mais interações sociais tiverem, mais diferentes se tornarão. É preciso que isso fique bem assentado em nossa compreensão: para sermos originais não podemos nos afastar do social; ao contrário, temos de atravessar o máximo possível de experiências sociais.

Somos diferentes e singulares porque temos corpo, mas, também, porque temos desejos. O homem tem desejos, ou melhor, o homem *é* desejo. Da mesma forma que é mais correto falar que o homem é história, em vez de dizer que ele tem história, deve-se falar que o homem é desejo, em vez de dizer que ele tem desejos. O desejo surge dessa incompletude que experimentamos. Não coincidimos nunca conosco mesmos (a não ser em pequenos momentos de êxtase) e, por isso, somos seres desejantes. De forma genérica, buscamos a felicidade. O que é a felicidade? Por que queremos a felicidade? A felicidade é o fato de não se sentir dividido consigo mesmo. Isso pode acontecer apenas por pouco tempo porque temos uma consciência, que sempre nos divide, sempre levanta novos problemas, o que, por sinal, impulsiona radicalmente o processo de humanização e de socialização.

Dessas análises, decorre o fato de que não se deve falar em natureza humana. Por definição, não temos uma natureza humana; o que vivemos é uma *condição* humana. O que é a condição humana? É o fato de não ter natureza. Essa diferença entre natureza e condição humana é que fundamenta e embasa a educabilidade do ser humano: por não termos natureza é que somos educáveis, sempre somos educáveis. Portanto, atribuir ao ser humano (ao aluno) uma natureza é uma coisa terrível. Não deve existir pior erro pedagógico do que atribuir uma natureza ao aluno, porque é a própria negação da educabilidade, da condição humana. Ao naturalizar o aluno, estamos desumanizando o aluno. Entretanto, estamos fazendo isso sempre, temos uma tendência espontânea a naturalizar o aluno. Quando dizemos, por exemplo, que o aluno é "preguiçoso", o que estamos dizendo? Quando um professor me diz que tal aluno é preguiçoso, eu pergunto:

– Mas por que você diz que ele é preguiçoso?
– Porque ele não quer estudar.
– Por que você acha que ele não quer estudar?
– Porque ele é preguiçoso.

Ser preguiçoso e não querer estudar significa exatamente a mesma coisa, só que, se eu disser que ele não quer estudar, vou ter de explicar por quê. Não é normal ele não querer estudar. Eu tenho três filhos brasileiros e mais três na França. Entre os brasileiros tem um de quinze anos que adora estudar, outro com treze anos que não gosta e uma filhinha com um pouco mais de dois anos e meio. A filhinha está doida para entender o mundo, ela abre todas as gavetas e adora as revistas pedagógicas; ela quer saber de tudo, ela não é nada preguiçosa. O de treze anos geralmente diz: "Ah! Papai, estou cansado de estudar!" O que acontece nas nossas escolas e nas nossas famílias que permite entender por que uma criança de dois anos quer devorar o mundo e, onze anos depois, talvez seja considerada preguiçosa? Ninguém é preguiçoso por natureza. Dizer que alguém é preguiçoso é supor que o fato dele não querer estudar é um dado da natureza, que é a sua própria natureza. "Preguiçoso" é uma palavra que visa a encerrar o questionamento, enquanto a pergunta deve permanecer aberta: Por que ele é preguiçoso? Por que não quer estudar?

Essa pergunta toca em cheio na questão do saber. Por que fazemos isso, ou seja, invocamos uma natureza da criança? Acho que é porque sentimos, pressentimos, que, atrás da mobilização intelectual ou da ausência de mobilização intelectual, há alguma coisa. Há uma coisa: toda a construção da relação com o saber, da relação com o mundo, da relação com os outros. Há tudo isso atrás do fato de se mobilizar intelectualmente na escola. Mas, por não compreendermos bem essa situação, consideramos o aluno como tendo uma natureza. Isso, entretanto, equivale a desumanizá-lo.

Por fim, gostaria de abordar, de forma breve, alguns outros temas que me parecem pertinentes na perspectiva deste colóquio.

Começo pela questão do universal e da diversidade. Conforme já assinalei, humanizamo-nos através de determinada forma social e cultural. Não há ser humano que não tenha certa forma social e cultural. Isso significa que não tem, de um lado, o universal e, de outro, a diversidade cultural, como, muitas vezes, se pensa. Tem-se a impressão de que precisamos escolher entre o ponto de vista do universal e o ponto de vista da diversidade. Não faz sentido. Não há universal que não tenha uma forma social e cultural articulada. O universal não está fora da diversidade; o universal permeia a diversidade e se manifesta nela. Por exemplo, ao examinar as angústias, as questões fundamentais, as tentativas de interpretações que se encontram nas diversas culturas (vida e morte, entre outras), nota-se que as respostas são diferentes, mas as questões são as mesmas. Só nesse ambiente diverso, pode-se tratar adequadamente o problema do universal. Não há universal fora da diversidade, mas, sim, através da diversidade.

Ao abordar esse tema, deve-se mencionar a questão da contradição. Considero que essa questão deve ser uma preocupação permanente do pesquisador. Não há vida humana que não seja permeada por contradições e que não gere contradições e conflitos. As sociedades vivem em contradições internas e contradições entre elas; o sujeito singular vive em uma permanente rivalidade dos desejos; a história é o movimento das contradições. Hegel, Marx, Freud, Nietzsche, Foucault e a maioria dos grandes pensadores da contemporaneidade foram pensadores da contradição e, nas Ciências Humanas e Sociais, o pesquisador deve assumir o papel de trabalhador da contradição. Por sinal, isso significa que lutar contra a violência na escola não é acabar com o conflito, o que seria acabar com a vida e construir uma cultura da paz que seria cultura da morte, do silêncio, do recalcamento. Lutar contra a violência é promover formas civilizadas de viver o conflito: pela palavra, e sem querer a morte do adversário, seja ela simbólica ou não.

Volto à questão da diversidade cultural. A educação como humanização, a educação como socialização e a educação como subjetivação estão marcadas pela contradição, pois são processos históricos. Vou usar exemplos: a professora gaúcha tem de respeitar todas as diferenças da cultura gaúcha? Ela vai educar o aluno (o guri) para ele ser macho mesmo e a moça para gostar desse machismo e ser submissa? Ou ela vai ensinar a igual dignidade de todos os seres humanos, seja qual for o seu sexo? O jovem índio que sai da sua tribo pode fazê-lo ou deve ficar lá porque tem "direito" à diferença? São exemplos de contradições entre humanização, socialização e singularização. O trabalho do professor não é o de resolver as contradições, mas de esclarecê-las e evidenciar as várias formas de legitimidade que podem existir em cada uma.

Por fim, não se deve confundir "universal" e "global". O universal é definido em relação à condição humana; o global é o que decorre da globalização, que, na sua forma atual, expressa uma relação de força. A globalização que se desenvolveu sob a forma neoliberal valoriza a concorrência de cada um contra todos, o cinismo, uma liberdade que é também um abandono do sujeito, o dinheiro como medida de qualquer coisa (por quanto foi vendido esse quadro de Picasso? Quanto vale o Ronaldinho? etc.). Os grandes imaginários sociais, as grandes Utopias sociais e políticas (Socialismo, Comunismo, Terceiro Mundismo etc.) desmoronaram. Diante disso, o que pode fazer o jovem? Sonhar em ir ao *Big Brother Brasil*? Hoje, precisamos de uma nova utopia, que possa sustentar o projeto educacional. Ela é necessária e é possível. Com efeito, as fronteiras abriram-se e será difícil e seria provavelmente contra-producente fechá-las: a Internet, a televisão, o comércio internacional vieram para ficar. O problema, na verdade, não é abrir ou fechar: a abertura do mundo é um fato irreversível e que pode ser benéfico, desde que se entenda que "Um outro mundo é possível", como afirma o Fórum Social Mundial. Hoje em dia, o mundo é o horizonte de vida de cada um; esse é, pelo menos, o legado feliz da impiedosa globalização. À medida que o mundo se abriu e se abre, tornou-se e está se tornando cada vez mais claro o fato de que existe uma solidariedade fundamental entre os seres humanos. Ademais, está se impondo, aos poucos, a ideia de solidariedade entre os seres humanos e o planeta Terra. Nunca antes essas solidariedades foram tão evidentes. Elas podem fundamentar uma nova Utopia civilizacional e educacional, em que o global, isto é, uma cultura da solidariedade que não despreze as diferenças, convirja para o universal.

4. Volta às questões pedagógicas

Por nascer inacabada, a cria da espécie humana tem de aprender tudo: gestos, ações, comportamentos, sentimentos, formas de se relacionar com os outros, linguagem, conhecimentos que lhe possibilitam se adaptar a seu meio de vida, artes, saberes científicos etc. Essas formas do "aprender" são várias e heterogêneas, como já foi mencionado, e tem-se de respeitar essa heterogeneidade. Portanto, é preciso acabar com o discurso arrogante da escola, que fala como se o aluno não pudesse aprender nada fora dela. Aprendem-se muitas coisas importantes fora da escola. Mas cuidado: temos também de acabar com uma forma de "denuncismo" contra a escola, porque há pessoas que dizem que se aprendem muitas coisas fora da escola, para, com base nesse argumento, desvalorizar a escola. Aprendem-se coisas fundamentais dentro da escola e fora da escola. São coisas específicas e temos de respeitar a especificidade dos vários lugares e situações em que se aprende.

Nascendo inacabado, o recém-nascido humaniza-se por encontrar um mundo humano que o antecedeu. Dessa forma, a educação é, ao mesmo tempo e indissociavelmente, um processo de autoconstrução e um processo de apropriação de um patrimônio, um movimento de dentro (a criança educa-se) e de fora (a criança é educada). Portanto, temos de acabar igualmente com o debate artificial entre "professor tradicional" e "construtivista". Os professores brasileiros, bem como os franceses, são basicamente tradicionais, porque a organização da escola impõe práticas tradicionais. A forma escolar tradicional, construída nos séculos XVI e XVII, permanece vigente. Só que os professores brasileiros têm uma característica um pouco especial: suas práticas são tradicionais, mas eles dizem que são construtivistas. Hão de dizer que são construtivistas para não terem problemas. Não vamos mudar a escola assim! É preciso terminar com esse faz de conta! O problema fundamental é outro: por um lado, não há formação sem atividade intelectual; mas, por outro lado, a formação é transmissão de um patrimônio cultural e intelectual. Tornar-se humano é, ao mesmo tempo, aprender pela atividade intelectual e receber um patrimônio cultural. Esse é o problema do professor: como ele pode, ao mesmo tempo, um tempo que sempre lhe parece insuficiente, incentivar e valorizar a atividade dos alunos e transmitir um patrimônio humano acumulado por vários séculos?

É esse o problema fundamental a ser resolvido e não a questão da escolha entre a pedagogia tradicional e a construtivista. Ambas, por serem pedagogias, apesar das suas diferenças, valorizam a atividade de aprendizagem e visam à transmissão de um patrimônio humano. A solução teórica desse problema existe. Nós, professores, somos exageradamente professores de respostas e pouco professores de questionamentos. Fazer nascerem novos questionamentos e, a seguir, levar ou fazer construir respostas, é a forma fundamental do ensino. É o questionamento anterior que dá sentido às respostas, isto é, aos conteúdos escolares e à atividade para construí-los ou apropriar-se deles. O essencial é que o aluno se aproprie de conhecimentos que tenham sentido para ele e que, ao responderem a questões ou resolverem problemas, esclarecem o mundo.

Por ser a educação, indissociavelmente, construção de si mesmo e apropriação do mundo humano, ela é um movimento de dentro alimentado pelo que o educando encontra fora de si mesmo. Portanto, são imprescindíveis, ao mesmo tempo, a mobilização pessoal do aluno e a ação do professor (ou de qualquer incentivo a aprender); o resultado do processo de ensino-aprendizagem decorre dessas duas atividades, intimamente articuladas. Se o professor não oferecer um ensino (pedagogia mais tradicional) ou uma situação (pedagogia mais construtivista) que possibilite ao aluno se apropriar de um saber ou construí-lo, o processo de ensino-aprendizagem fracassa. Reciprocamente, se o aluno não quiser entrar em uma atividade intelectual, apesar de todos os esforços do professor e da utilização de qualquer que seja a pedagogia, o processo fracassa também. Quem fracassa? O aluno, claro; porém, o professor também vai ser cobrado por esse fracasso. Em outras palavras, o aluno depende do professor, mas existe uma contradependência do professor para com o aluno. Essa interdependência explica por que, no mundo inteiro, sempre o professor se sente ameaçado: será cobrado pelo resultado de um processo que não depende apenas, nem sequer diretamente, dele. Essa situação permite entender, ainda, por que o professor pressiona o aluno, por meios legítimos, visando a despertar no aluno o desejo de aprender, ou, às vezes, ilegítimos, quando desrespeita os direitos do aluno ou fere a sua dignidade. Neste caso, o aluno replica por meio da indiferença ostensiva ou, até, pelo desaforo ou pela violência.

A situação é ainda mais difícil para o professor quando uma grande parte dos alunos pensa que quem é ativo no ato de ensino-aprendizagem é o professor. Hoje em dia, muitos jovens consideram que o aluno deve ir à escola, escutar, não fazer bobagens demais e que o restante depende do professor. Nessa lógica, se o aluno tirar nota ruim, a culpa é do professor: fui à escola, diz o aluno, escutei o professor e, portanto, se não sei nada, é porque o professor não explicou bem; o professor é quem deveria tirar nota ruim! Em tal lógica, o aluno desconhece a própria estrutura antropológica do ato de ensino-aprendizagem, da educação e, de forma mais geral, da ligação entre as gerações humanas. Por sinal, o professor faz o mesmo quando considera a escola como um lugar onde se ensina, enquanto, na verdade, é antes de tudo um lugar onde se aprende, sendo o ensino apenas um meio para que se possa aprender e não uma finalidade em si. A estrutura antropológica do processo de ensino-aprendizagem decorre da condição humana. Por nascer inacabada, a criança deve aprender e, para tanto, mobilizar-se em uma atividade, em particular uma atividade intelectual. Por nascer em um mundo que a antecedeu, a criança deve ser ensinada. Não se pode aprender se não se é ensinado, de uma forma ou de outra; ninguém pode ser ensinado, seja qual for a pedagogia, se não se mobiliza a si mesmo em uma atividade. O ato de ensino-aprendizagem não é unicamente um encontro entre dois indivíduos, professor e aluno; é, mais profundamente, um processo antropológico que embasa a especificidade da espécie humana.

Não se deve esquecer, ademais, que a educação não é somente humanização e subjetivação: é também socialização. Portanto, o ato de ensino-aprendizagem depende, igualmente, das estruturas e relações sociais. Hoje em dia, o saber não se apresenta só como atividade e como patrimônio, mas, também, como mercadoria: o saber como passe, que permite passar de ano e passar no vestibular. Cada vez mais alunos não vão à escola para aprender, mas *apenas* para passar de ano, sem preocupação nem com a atividade intelectual, nem com o patrimônio humano. Decerto, querer passar de ano e adentrar uma universidade é uma ambição legítima e realista; o problema, porém, é quando a lógica do saber some da escola; ora, cada vez mais alunos nunca encontraram na escola o saber como sentido e o aprender como prazer.

As escolas, sobretudo as do ensino particular, estimulam essa relação com a escola e com o saber. Para apaziguar o mal-estar dos pais, falam em projetos, construtivismo etc. Mas a sua lógica profunda aparece nas faixas que colocam na fachada das casas ou dos prédios: "Fulano, aluno da nossa escola, foi aprovado no vestibular". Nunca vi uma faixa parabenizando fulano por ter conseguido entender como se resolve uma equação do segundo grau... As crianças não são idiotas, elas entendem a mensagem: não se vai à escola para aprender, vai-se à escola para ser aprovado no vestibular. Ademais, os pais, em especial os da classe média, falam aos filhos na mesma lógica: "Se tirar nota boa em Matemática, ganhará um celular". Tradução: "Estude a Matemática, meu filho, sei que é muito chata, mas, em compensação, ganhará um celular para ligar para sua namorada"...

Esse é um problema de sociedade e, talvez, de civilização: ao passo que se fala em Sociedade do saber, o saber está perdendo o seu valor de uso, para virar só valor de troca. Dizem que o mundo contemporâneo requer produtores e consumidores mais reflexivos, mais criativos, mais autônomos, mais responsáveis e, portanto, mais bem-formados, educados e instruídos de um modo mais inteligente. No entanto, a sociedade globalizada atual incita a concorrência permanente. Já há vestibulinho no jardim de infância de escolas particulares... Essa lógica da concorrência gera uma forma idiota de ir à escola: se vai para repetir, decorar, colocar o X na casinha do questionário de prova. Há aí uma contradição fundamental da sociedade atual.

Essa lógica da concorrência causa, também, um sofrimento geral, o dos alunos, dos professores, dos pais. Talvez esse sofrimento seja, além da sua dimensão subjetiva e social, um sintoma de ferida antropológica: quando aprender, ou seja, participar da aventura humana, passa a se adquirir um capital que possibilita dominar outros seres humanos; é a própria espécie humana que sofre. Outra opção é possível: apostar na solidariedade entre seres humanos, cuja dependência com os demais, inclusive à escala mundial, se torna cada vez mais evidente. Portanto, apostar em outra forma de subjetividade, em outro tipo de relações sociais; apostar em uma espécie humana seguindo a sua aventura com a consciência de si mesma enquanto conjunto de seres humanos solidários no espaço e no tempo; apostar em outras formas de educar a cria do homem.

Capítulo **VI**

Qual o lugar para as Artes na escola da sociedade contemporânea?

Qual o lugar para as Artes na escola da sociedade contemporânea?

Publicado em: CHARLOT, Bernard (Org.). *Dança, Teatro e Educação na sociedade contemporânea.* Ribeirão Preto: Alphabeto, 2011. p. 9-41.

Qual o lugar para as Artes na escola da sociedade contemporânea? No Brasil, a Lei de Diretrizes e Bases de 1971 instituiu uma "Educação Artística", com professores polivalentes, e a LDB de 1996 considerou a Arte como uma componente do currículo obrigatório, a ser ministrada através de quatro linguagens, com professores especializados: Artes Visuais, Dança, Música e Teatro. Mas, de fato, o ensino das Artes fica marginal, bem como o da Educação Física. Não se encontra em todas as escolas, sejam elas públicas ou particulares. Muitas vezes, foca a preparação da festa de fim de ano ou demais festas, cujo objetivo remete menos à pedagogia do que ao marketing: *permitir ao papai bater fotografias bonitas da sua criança fofinha. Por fim, Arte não é uma disciplina do vestibular que todos devem enfrentar; ainda bem, de certa forma, mas tal omissão não deixa de ser significativa do pouco valor que a sociedade e a instituição docente conferem às artes.*

Elementos de conhecimento das artes são abordados por outras disciplinas, notadamente História e Literatura. Mas trata-se de um "discurso acerca de..." (da pintura, do teatro, da poesia etc.) e não de um ensino da própria arte. O caso do teatro é particularmente interessante: fora de escassas exceções, a escola estuda as obras de teatro como textos, sem sequer levantar a questão da encarnação do texto em uma representação, no palco. Do teatro, a escola só conhece o texto e, na maioria das vezes, o aluno nunca ouvirá falar do teatro como gesto, cenário, luz, maquiagem nem como voz que pronuncia o texto frente a uma plateia.

Por que a Arte fica assim nas margens da escola? Por que o aluno deve saber que há peixes ágnatos, gnatostomados, cartilaginosos, ósseos – o que nem suspeitam professores ensinando disciplinas outras que não a Biologia... – e nunca encontrará, talvez, Velásquez, Delacroix ou Portinari e, provavelmente, Ingres ou Chirico? Por que a Gramática e não a Dança? Por que o homem é linguagem? Claro, mas ele é também corpo em movimento no espaço. Por que as escolas desconhecem a Música, tão importante na vida dos jovens, em particular no Brasil? Por que, em muitas escolas, a música só aparece... nas aulas de Inglês? Não é preciso refletir muito para encontrar uma primeira resposta: porque a escola tende a ensinar o que pode ser dito por palavras e a negligenciar, desprezar e, às vezes, combater o que envolve o corpo e a sensibilidade. Cabe, entretanto, entender por que, historicamente, a escola, no mundo ocidental, fez tal escolha e saber se essa ainda é pertinente na sociedade contemporânea.

Em nossas análises, Dança e Teatro serão nossas referências preferidas, embora não únicas, já que constituem o duplo foco deste livro.

1. Por que, historicamente, a sociedade ocidental e sua escola marginalizaram as Artes?

Teria de escrever muitas páginas para responder a essa questão, mas podemos, pelo menos, percorrer os principais momentos de uma resposta. A questão inicial é: o que se deve ensinar às crianças? De certa forma, poder-se-ia responder: tudo.

O ser humano nasce inacabado. Essa ideia encontra-se em pensamentos tão diferentes como o mito grego de Prometeu e as reflexões antropológicas de Kant ou de Marx. Os deuses, conta o mito, encarregaram os titãs Epimeteu e Prometeu da criação dos animais, incluídos os homens. Epimeteu distribuiu várias qualidades aos animais: uns podem correr rápido, outros nadam ou voam etc. Mas, quando chegou a vez do homem, não sobrava nenhuma qualidade. Para resolver o problema, Prometeu roubou o fogo divino e ofereceu-o ao homem: este nasce sem qualidade dada pelos deuses, nu e fraco, mas pode conquistar o que ele precisa para sobreviver, graças ao fogo, isto é, à técnica e ao trabalho. Kant explica que, ao contrário do animal, que nasce "perfeito", ou seja, completamente feito, o homem nasce imperfeito e deve tirar dele mesmo todas as qualidades da humanidade (Kant, 1996). Marx, na sua VI Tese sobre Feuerbach, sustenta que a essência do homem não fica dentro de cada indivíduo que nasce, mas é o conjunto das relações sociais (Marx, 1982; Sève, 1979). A ideia básica, fundamental do ponto de vista da antropologia e da teoria da educação, é a mesma no mito, em Kant e em Marx: o ser humano não é definido por uma natureza, ele constrói-se. É humano o que a espécie humana construiu no decorrer da sua história e a cria dessa espécie torna-se humana apropriando-se desse patrimônio, ou, pelo menos, de uma parte dele. A educação é o processo pelo qual se realiza essa apropriação, ou, considerando a situação pelo outro termo, é o processo pelo qual uma geração transmite à seguinte o que ela mesma recebeu da precedente, às vezes com alguns acréscimos. A educação é um triplo processo de humanização, de socialização e ingresso em uma cultura (não há ser humano sem sociedade e sem cultura), de singularização-subjetivação (cada ser humano é um sujeito singular, embora a consciência de sê-lo só apareça aos poucos na história da espécie) (Charlot, 2000, 2005a).

Sendo assim, o que se deve ensinar às crianças? O tudo que define o ser humano e, portanto, o tudo que os homens e as mulheres criaram, em algum lugar e algum tempo da história humana. O que, obviamente, é impossível...

Em absoluto, qualquer saber humano, no sentido mais amplo da palavra "saber" (enunciado, gesto ou técnica, forma de relacionar-se com os outros e consigo mesmo...), pode ser legitimamente ensinado, já que ele é produto da espécie humana. Portanto, sempre se pode encontrar um argumento para justificar o fato de ensinar isso ou aquilo. Com um esforço, poder-se-ia encontrar motivos até para ensinar que peixes podem ser ágnatos, gnatostomados, cartilaginosos, ósseos.

Contudo, não é possível, de fato, ensinar tudo, já que uma vida humana inteira não bastaria para apropriar-se de todo o patrimônio humano. Portanto, uma sociedade ensina o que, em um determinado momento da sua história, ela considera pertinente e necessário ensinar aos jovens. Desse ponto de vista, sempre o ensino envolve uma "violência simbólica", conforme o conceito proposto por Bourdieu e Passeron. Impuseram-me acompanhar aulas sobre os peixes ágnatos etc., o que achei particularmente chato. Mas um aluno apaixonado pelos peixes poderia considerar uma violência simbólica a substituição dos ágnatos e gnatostomados pelos quadros de Ingres ou Chirico, o balé clássico ou o teatro de Brecht. Sempre a sociedade deve operar escolhas entre tudo quanto pode ser ensinado. Essas escolhas são culturais, sociais, ideológicas, políticas, religiosas e sempre se pode opor-lhes outras escolhas legítimas. Entretanto, esse "arbítrio cultural", como dizem Bourdieu e Passeron, não é um arbítrio social: as escolhas operadas por uma sociedade no que diz respeito ao que se deve ensinar à juventude expressam e traduzem a representação de si mesma e de seu futuro por essa sociedade e, em última instância, as relações sociais que a definem e a estruturam.

Podemos voltar, agora, à nossa questão: por que, historicamente, a sociedade ocidental e sua escola marginalizaram as Artes? Alguns elementos de resposta encontram-se na própria função histórica da escola ocidental.

A escola nasceu em Atenas como lugar onde o escravo pedagogo, isto é, aquele que "conduz a criança", levava a criança (entre sete e catorze anos) para ela ser alfabetizada. De imediato, a escola foi ligada à palavra, à alfabetização, aos enunciados e isso permaneceu na escola do mundo cristão, onde se aprendia a ler (sobretudo a

Bíblia) e escrever (em especial o seu nome para poder assinar documentos). Historicamente, a escola foi e permanece o lugar da palavra escrita. Não é de se admirar, portanto, que ela valorize o que pode ser enunciado.

Outra característica, esclarecida por Vygotsky, define a função da escola: o saber escolar, à diferença do saber cotidiano, é consciente, voluntário e sistemático (Vygotsky, 1987). A função própria da escola é ensinar o que não pode ser aprendido por simples impregnação no meio de vida, vivência, imitação e precisa de um processo específico de ensino, consciente e voluntário; esse processo não transmite apenas informações, ele ensina "disciplinas", ou seja, saberes sistematizados.

Por seu uso da palavra, a escola transforma tudo em objeto de pensamento e de análise. O sentimento, por exemplo, não é mais o que se vivencia, ele tem um nome e torna-se possível falar das suas várias formas e citar novelas, peças de teatro, poemas que o evidenciam ou ilustram. A escola não é lugar do Eu singular, vivenciado e empírico, ela pretende ser lugar do Eu epistêmico, universal.

Uma escola assim instituída historicamente não podia conferir às artes uma vaga de relevo. Mas isso ainda não basta para entender o não lugar das artes na escola ocidental. Deve-se levar em conta, também, o ódio ao corpo que caracteriza a cultura ocidental clássica.

Platão disse-o em duas palavras, no *Fedão*: *sôma sêma*, isto é, o corpo é um túmulo, o túmulo da alma (Platão, 2002). A educação deve tornar o olho da alma para o céu das Ideias e, portanto, livrá-la do mundo sensível, do desejo, do corpo (Platão, 2003). Logo, não se pode aceitar o poeta na Cidade ideal, sendo chamado de poeta quem produz representações como comédia, tragédia e até epopeia. O poeta imita, representa, enquanto se trata de encontrar a própria coisa, que é Ideia. Platão homenageia o poeta, dá-lhe uma coroa e manda-o embora da sua cidade.

Esse dualismo corpo/alma encontra-se também na religião católica e embasa muitas posições da Igreja, ainda hoje. A Igreja desconfia do corpo em geral e da sexualidade em particular, valoriza celibato e castidade, celebra a Virgem Maria e mantém as outras mulheres na periferia da Igreja. Para ela, o corpo é um inimigo. Dualismo e ódio ao corpo fundamentam a "pedagogia tradicional", desenvolvida pela Contrarreforma católica nos séculos XVI e XVII e sistematizada pelos jesuítas. Essa pedagogia considera a alma da criança como corrupta por natureza. Prova disso é o comportamento da criança, sempre agitada, sem controle do seu corpo e prestes a fazer alguma bobagem. Aliás, como a criança poderia ser outra, uma vez que ela nasce do ato sexual, de que sempre se deve desconfiar? Por outro lado, porém, Jesus veio para redimir a alma dos homens e a tarefa é mais fácil com a criança, cuja alma ainda é nova (Snyders, 1965; Charlot, 1979). Essa é a educação: um combate contra a natureza, para tirar a alma da criança fora da corrupção. O desejo, o corpo: esses são os inimigos do pedagogo tradicional. Sendo assim, a educação deve ser, antes de tudo, inculcação de normas e aprendizagem de regras. Base de toda educação escolar: aprender a ficar sentado sem se mexer, durante bastante tempo, ou seja, aprender a domar o seu corpo, a sua espontaneidade, os seus desejos. A seguir, ensinam-se disciplinas, isto é, conjuntos de saberes sistematizados cujo primeiro objetivo é *disciplinar* a criança.

Uma sociedade cuja cultura era estruturada por tal ideologia não podia senão desconfiar das artes. A Igreja Católica rejeitou-as, às vezes com uma inacreditável violência simbólica. Santo Agostinho denunciava "esta loucura lasciva chamada dança, negócio do diabo" (apud Garaudy, 1980, p. 28) e, no século XII, a Igreja excluiu da liturgia as rondas acompanhando os Salmos, embora seguisse utilizando outros elementos herdados dos ritos pagãos, como sinos, velas, incenso, canto. Os camponeses e os nobres dançavam, nas suas festas, mas é nos guetos judeus que sobreviveu uma tradição da dança como coreografia. O primeiro Tratado de Dança foi escrito por Guglielmo Ebreo (isto é, Guilherme, o Judeu), coreógrafo do duque de Urbino e, depois, de Lourenço, o Magnífico. Catarina de Médicis, bisneta de Lourenço, levou a dança para a Corte francesa e assim nasceu o balé clássico, no século XVI – ou seja, no mesmo século em que foi definida uma "pedagogia tradicional". Já no século XVII, com a codificação da Dança por Pierre Beauchamp, esboçaram-se o academismo e a evolução da dança para o virtuosismo e a perfeição técnica. Aos poucos, o balé clássico passou a ser o espetáculo dado por uma bailarina aérea, tentando negar a gravidade com as suas pontas e seus saltos, superando os limites do seu corpo (Garaudy, 1980).

Corpo domado, superado; alma que se eleva à procura da beleza das formas: balé clássico e pedagogia tradicional são duas formas de um mesmo projeto cultural. Sendo assim, não deveria ter objeções para acolher o balé clássico na escola tradicional: são duas tentativas para impor a regra ao corpo. Mas há objeções de fato. A bailarina é mulher, sendo secundário o papel do homem no balé clássico, enquanto a escola visa, antes de tudo, à educação dos rapazes. A disciplina do corpo pela dança requer bastante tempo de treinamento, e o povo, que mais precisa controlar o seu corpo e seus desejos, não dispõe desse tempo, e tem de trabalhar. Por fim, a bailarina vive do seu corpo, mesmo que seja um corpo domado e, sendo assim, ela será percebida, ao longo da história ocidental moderna, como uma prima de luxo da prostituta. É difícil imaginar duas representações sociais mais opostas do que as da bailarina e da professora. Portanto, escola tradicional não é lugar de dança, embora os fundamentos teórico-antropológicos das duas sejam compatíveis.

A relação da escola tradicional com o teatro é diferente: é só esquecer o palco e a representação e considerar apenas o texto para que o teatro possa entrar na escola. Não se trata, porém, do teatro do ator, mas do teatro do autor e, mesmo assim, não é considerado legítimo qualquer tipo de texto.

A Igreja Católica não gosta do teatro, seja como for. Não gosta do teatro quando é Arlequim e *commedia dell'arte*, farsa, teatro de feiras, teatro barroco, com seus aspectos improvisados, burlescos, irreverentes, o que não é surpreendente em se tratando de uma autoridade social e de uma instituição patriarcal com forte hierarquia. Entretanto, a Igreja tampouco gosta do teatro de Molière, cômico, mas ponderado, sério e até pedagógico e, embora Molière organizasse festas na própria Corte de Luís XIV, quando ele morreu, a Igreja não abriu exceção e recusou que fosse enterrado

E o protestantismo, muitas vezes, tratou o Teatro de forma ainda pior.

em cemitério cristão. De forma mais geral, a Igreja condena o riso, considerado vergonhoso e diabólico e ela afirmou, ao longo de vários séculos, que Jesus nunca riu (Minois, 2003). A própria tragédia é suspeita aos olhos da religião. Por influência dos seus mestres jansenistas e apesar de grandes sucessos anteriores, Racine abandonou o teatro em 1677, quando estava apenas com 38 anos e só aceitou, muito mais tarde, escrever duas tragédias bíblicas, *Ester* em 1689 e *Atália* em 1691, porque se tratava de obras destinadas à educação de moças do orfanato real de Madame de Maintenon, a mulher morganática do rei Luís XIV.

Há, entretanto, um teatro clássico, estudado na escola enquanto texto. Na escola tradicional, são textos consagrados pela tradição: na França, Corneille, Racine, Molière. O pedagogo adora, em particular, a regra das três unidades (ação, tempo, espaço), pela qual alguns autores oficiais, a pedido de Richelieu, cardeal que governava a França, encerraram o teatro francês, por um século e meio, em normas mais rígidas do que as regras enunciadas por Aristóteles na sua *Poética* (Roubine, 2003).

Pedagogia tradicional, balé clássico e teatro clássico pertencem ao mesmo universo cultural: o da norma, da disciplina, do sério. O corpo fica imobilizado na sala de aula, domado pelo treinamento e o sofrimento da bailarina, negado pela redução do teatro ao texto. Mundo do letramento e da regra, a escola tradicional não podia ser, também, o das artes. No máximo, ela podia aceitar a representação de uma peça do teatro clássico na celebração do fim do ano letivo.

O Iluminismo, no fim do século XVIII, e o Positivismo, no século XIX, modificaram profundamente a representação da natureza da criança e da educação, mas reproduziram, sob formas novas, a desconfiança para com o corpo e a sensibilidade e, com ela, a pedagogia tradicional e seu desconhecimento das Artes.

Na intimidade da família burguesa prevalece o carinho pela criança (Ariès, 1981). Além disso, o tempo da burguesia é o futuro do capital que cresce e do negócio que se desenvolve, portanto o tempo dos filhos, enquanto o tempo da aristocracia, é aquele do antepassado fundador. Valorizada, a criança não é mais pensada como ser cuja natureza é corrupta. Permanece, porém, o risco de que o herdeiro desperdiça a fortuna familiar. Existem, também, os riscos representados por um povo agitado, perigoso, em particular esse povo urbano que, no século XIX, vivia amancebado e celebrava o que ele chamava ironicamente de *Saint-Lundi* (Santa Segunda-Feira), isto é, recusava-se a trabalhar nesse dia da semana. Portanto, é preciso *moralizar o povo pela educação*, como a burguesia francesa andou repetindo ao longo de todo o século XIX. E, também, moralizar pela educação as próprias crianças da burguesia (Charlot; Figeat, 1985). A criança não é mais corrupta, mas, por outros argumentos, a educação permanece, antes de tudo, um trabalho para discipliná-la. Esse projeto, ademais, atende às exigências do novo ambiente cultural, que reproduz o dualismo sob novas formas: a Razão deve mandar, as emoções devem ser controladas, a paixão é um distúrbio perigoso, chegou o tempo da Verdade e da Ciência.

A Revolução Francesa fechou os colégios do Antigo Regime, mas Napoleão instituiu liceus que reproduziram o modelo desses colégios. No ensino primário, Igreja e burguesia republicana aderiram ao mesmo modelo pedagógico de escola. Enfrentaram-se acerca dos fundamentos da moral, religiosos ou laicos, mas concordaram quanto a seu conteúdo. Portanto, pelo menos até as décadas de 50 ou 60 do século XX, continuou vigorando uma pedagogia tradicional, definida pela disciplina, a regra, o controle do corpo. Não há diferenças fundamentais, deste ponto de vista, entre os dois modelos escolares que as sociedades ocidentais difundiram pelo mundo: o modelo francês controla o corpo para o triunfo do intelecto; o modelo inglês disciplina-o para o bem da comunidade (Raveaud, 2006). Nos dois casos, as artes ficaram fora da escola.

Essas artes não sofreram mudanças fundamentais. O século XIX foi a "idade de ouro do balé como arte de evasão da realidade" (Garaudy, 1980, p. 36). Na segunda parte do século, ele ganhou novas raízes, quando, em 1847, Petipa, primeiro bailarino da Ópera de Paris, foi contratado pelos Teatros Imperais de São Petersburgo, onde ele levaria o balé clássico a seu alto grau de perfeição técnico, como bailarino e, a seguir, até 1903, como *maître de ballet* (Garaudy, 1980). O teatro ganhou formas novas e novos debates, com Diderot, Hugo, Zola e muitos outros: drama burguês, teatro romântico, cena naturalista etc. Mas ele continuou sendo, antes de tudo, um texto, mesmo quando o seu autor era sensível ao trabalho do palco, como Diderot ou Hugo. Este último publicou um Cromwell "irrepresentável em 1827, mas também irrepresentável hoje" (Roubine, 2003, p. 99) e "o naturalismo, em suas tentativas de realização teatral, não passou de transposições para o palco de seus romances mais marcantes", antes de tudo os romances de Zola (p. 114). Foi só no final do século XIX, com Antoine, na França, e Stanislawski, na Rússia, que a questão do teatro se tornou mesmo a do palco, do ator, do cenário, da iluminação, dos figurinos etc.

Escola e Artes permaneceram dois mundos quase estanques até o século XX, a não ser que fosse uma arte da palavra, como Literatura, Poesia e até texto de Teatro, sem palco.

2. Pedagogia "nova", Dança "moderna", Jogos teatrais: a guinada do século XX

Hoje em dia, o ensino das artes permanece marginal na escola, mas, pelo menos, existe e foi até institucionalizado pela lei. Como as Artes, em especial a Dança e o Teatro, conseguiram entrar na escola? Mudaram muitas coisas: a arte, a dança, o teatro, as relações entre norma e subjetividade e até a própria escola – pelo menos um pouco. História complexa, da qual evocaremos aqui apenas encontros significativos, como fizemos na seção precedente.

Vozes solitárias criticando a pedagogia tradicional não faltaram no decorrer da história: Montaigne, Locke, Rousseau, Pestalozzi etc. No final do século XIX e início do século XX, porém, apareceram e desenvolveram-se *escolas* que tentaram implementar uma pedagogia "nova", "ativa", "moderna", na Inglaterra (Cecil

No Brasil de hoje, fala-se de "construtivismo" para exprimir iguais ideias.

Reddie, 1889; A. S. Neill, 1921), na França (Edmond Demolins, Paul Robin, Sébastien Faure, entre 1880 e 1904), na Bélgica (Decroly, 1907), na Itália (Maria Montessori, 1907), na Alemanha (Paul Geheeb, 1910 e, depois da Primeira Guerra Mundial, as escolas libertárias de Hambourg e a escola Waldorf de Rudolf Steiner). Célestin Freinet, cuja ação originou um Movimento Internacional, criou a sua cooperativa em 1928 e a sua escola em 1935. Em 1915, Adolphe Ferrière redigiu uma Carta da Educação Nova, que embasou a Liga Internacional para a educação nova, fundada em 1921.

> Atribuir a Rousseau a ideia de que a natureza é boa é uma interpretação muito contestável. Apesar de alguns textos pré-românticos de Rousseau, ele considera que a natureza, por ser natureza, não pode ser avaliada com critérios da moral e, portanto, nem é ruim, nem é boa; ela é natureza, força das coisas.

A pedagogia nova não desconfia da natureza da criança, bem pelo contrário. Respaldada em certa interpretação de Rousseau e na relação romântica com a natureza, ela contribuiu para construir e divulgar a ideia de que tudo quanto é natural é bom e a representação atual da criança como inocente e criativa. A Psicologia experimental de Claparède, que criou, em 1912, em Gênova, um Instituto Jean-Jacques Rousseau, e, mais tarde, as pesquisas de Piaget, que dirigiu este Instituto, providenciaram uma garantia científica dessa nova relação com a natureza. A ideia de que a educação deve acompanhar o desenvolvimento natural da criança é fundamental nas obras de Montessori, Decroly, Freinet e, de forma geral, na pedagogia nova, bem como na Psicologia genética de Piaget (Charlot, 1979). A pedagogia nova apoia-se, ainda, nas ideias de John Dewey, que fundou em 1896 um Laboratório de Psicologia Aplicada, em Chicago, e defendeu uma educação ligada aos interesses e à ação da criança.

Essa nova pedagogia enraíza-se, também, em ideias sociopolíticas que, por mais várias que sejam, sempre pertencem a correntes de esquerda e advogam a liberdade da criança: as ideias de Rousseau a respeito do Contrato Social, o liberalismo político de Dewey, o socialismo marxista de Freinet, o anarquismo de Neill e das escolas libertárias alemãs.

Todas as fontes de inspiração da pedagogia nova, sejam elas filosóficas, científicas ou políticas, levam a respeitar o ritmo de desenvolvimento da criança, a sua liberdade, a sua criatividade, os seus interesses e, também, a dar-lhe uma educação integral, preocupada com o seu corpo, a sua sensibilidade, a sua sociabilidade e não apenas com o seu intelecto. Levam, também, a considerar a atividade da própria criança como a base da sua educação, e não mais a regra inculcada pelos adultos.

Obviamente, há um lugar para as Artes nas escolas que se definem com referência à pedagogia nova. O que interessa à escola, entretanto, não é a obra de artes, embora ela não a exclua, é, antes de tudo, o fato de que a criança possa exprimir-se. No ambiente da pedagogia nova, há um lugar para a produção artística enquanto expressão natural da criança e forma específica da expressão humana.

Quase na mesma época em que se desenvolvia uma corrente de pedagogia nova, apareceu a "Dança Moderna". No início do século XX, Isadora Duncan, a pioneira, dançava a sua vida em Londres, Paris, Berlim, São Petersburgo, sem pontas, mas, ao contrário, de pés nus para manter o contato com a terra e a vida e, evocando as danças dionisíacas da Grécia e Nietzsche, pretendia devolver à Dança a espontaneidade e a liberdade.

A também norte-americana Ruth Saint-Denis e seu marido Ted Shawn consideravam que a essência da dança é religiosa e que nela se supera a divisão entre corpo e espírito, arte e religião. Ruth abriu o Ocidente às danças e religiões do Oriente, Ted criou a primeira companhia de dança inteiramente masculina e os dois fundaram e animaram, entre 1914 e 1929, uma escola de Dança, a Denishawn, onde se formaram futuras estrelas da segunda geração da dança "moderna", como Martha Graham e Doris Humphrey. Essa dança valoriza raízes que variam de acordo com as teorizações, mas sempre se trata de exprimir uma coisa fundamental: a própria vida e os ritmos da natureza (Isadora Duncan), a transcendência do homem e o sentimento religioso (Ruth Saint-Denis e Ted Shawn), as lutas, paixões e esperanças contemporâneas (Martha Graham), o movimento que expressa o espírito de uma época (Doris Humphrey) (Garaudy, 1980). "Expressividade" é também uma das quatro categorias fundamentais do sistema que Rudolf von Laban construiu entre 1910 e 1930 para analisar e registrar os movimentos e que Irmarg Bartenieff completou e divulgou (Fernandes, 2006).

As fundadoras das várias correntes da dança moderna criaram escolas que desempenharam um papel importante na história do movimento, em particular a Denishawn. De modo mais geral, a dança moderna preocupou-se com o ensino. Rudolf von Laban, na Inglaterra, propôs uma *modern educational dance* e defendeu a ideia de "dança educativa". Margaret H'Doubler, nos Estados Unidos, afirmava que o ensino da dança não deve ser modelagem do corpo, mas experiência do movimento expressivo natural na criança. Sob vários nomes (dança criativa, educativa, expressiva, dança-educação, expressão corporal), desenvolveram-se práticas de ensino valorizando a educação do ser integral, a livre expressão, a espontaneidade da criança, o seu movimento natural (Marques, 1999, 2003). Essas ideias dominaram o ensino da dança até, pelo menos, a década de 1980. Ainda hoje, essa corrente pedagógica tem um grande impacto nas escolas brasileiras – quando elas ensinam a dança... Por exemplo, um artigo de 2001 de Marta Thiago Scarpato, intitulado "Dança educativa: um fato em escolas de São Paulo", defende essas ideias, referidas explicitamente a Rudolf von Laban e Célestin Freinet:

> A dança na escola não deve priorizar a execução de movimentos corretos e perfeitos dentro de um padrão técnico imposto, gerando a competitividade entre os alunos. Deve partir do pressuposto de que o movimento é uma forma de expressão e comunicação do aluno, objetivando torná-lo um cidadão crítico, participativo e responsável, capaz de expressar-se em variadas linguagens, desenvolvendo a autoexpressão e aprendendo a pensar em termos de movimento (Scarpato, 2001, p. 59).

Não se pode imaginar ideias mais contrárias aos fundamentos da pedagogia tradicional. Como vimos, porém, novas ideias pedagógicas, valorizando a expressão, entraram nas escolas.

O teatro do século XX não teve de se livrar da dominação do teatro clássico e da sua regra das três unidades, a contrário do que aconteceu com a dança para com o balé clássico. Com efeito, como já mencionado, novas formas de teatro apareceram já no fim do século XVIII e no século XIX, em particular o drama burguês, a cena histórica, o teatro romântico, mais tarde o teatro naturalista, o simbolista, nomeando apenas as correntes mais importantes até o início do século XX. Também, no final do século XIX, o teatro escapou ao imperialismo do texto e a questão do palco, da representação e dos seus recursos foi colocada e trabalhada (Roubine, 2003). Essa preocupação com a representação combina bem com um dos princípios da pedagogia nova: aprender fazendo.

Por fim, na mesma época da afirmação da pedagogia nova e da dança moderna, apareceu um movimento para um teatro "popular", "cívico", "proletário", "político", na França (Pottecher, já em 1895; Gémier, Coppeau), na Alemanha (Piscator e o Teatro Proletário em Berlim, em 1920; Brecht, começando a falar de teatro épico na década de 1920) e no movimento revolucionário, com a prática da *agit prop* (Roubine, 2003). Mais tarde, esse movimento desenvolveu-se, em particular com Jean Vilar e o Festival de Avignon na França, Augusto Boal e o Teatro do Oprimido no Brasil e o movimento militante que prolongou as revoltas de 1968. A ideia de teatro político induz, ao mesmo tempo e, às vezes, formas contraditórias, a levar até o povo o teatro consagrado, clássico ou moderno, e a dar a palavra ao povo, aos operários, aos oprimidos, tentando fazer teatro com essa palavra. Quer seja na forma épica de Brecht, na forma de Boal ou nas *performances* que desistem da sala à italiana e se oferecem na rua, o teatro com vocação social ou política pretende exprimir a experiência do povo, muitas vezes recuperando a sua própria fala, ou criar uma oportunidade ou um evento para que o povo se exprima.

Foi também como expressão que o teatro entrou na escola. Em 1917, nos Estados Unidos, Caldwell Cook escreveu sobre o uso da dramatização (*play way*) como método pedagógico. Esboçou-se, assim, uma "abordagem pedagógica anglo-saxônica do jogo dramático infantil" (Japiassu, 2006, p. 39), cujo maior expoente foi Peter Slade e seu livro *Child Drama*, publicado em inglês em 1950. O jogo dramático não visa ao ensino do teatro, mas ao desenvolvimento da criatividade da criança, da sua livre expressão, da sua moral (Japiassu, 2006).

> Em uma versão mais recente, o jogo dramático é uma estratégia para ensinar conteúdos (línguas, estudos sociais) (Japiassu, 2006).

Na França da década de 1930, o movimento escoteiro e o Movimento de Educação Popular usaram também o método dramático na sua ação junto aos jovens. No Brasil, com as mudanças promovidas pela Escola Nova, a partir do final da década de 1920, o ensino de teatro começou a entrar nas escolas. Como no caso da dança, trata-se, antes de tudo, de respeitar o desenvolvimento global da criança e a sua expressividade natural (Machado *et al.*, 2004).

Na década de 1960, Viola Spolin, cuja obra constitui hoje a referência fundamental no ensino do teatro na escola e foi divulgado no Brasil por Ingrid Koudela na década de 1970, propôs a noção de jogo teatral e um "sistema de jogos teatrais". "Diferentemente do jogo dramático, o jogo teatral é intencional e explicitamente dirigido para observadores, isto é, pressupõe a existência de uma 'plateia'" (Japiassu, 2006, p. 25). "O processo de jogos teatrais visa efetivar a passagem do jogo dramático (subjetivo) para a realidade objetiva do palco" (Koudela, 2001, p. 44). Assim ficou levantada a questão da relação entre jogo dramático espontâneo da criança (que, por exemplo, brinca de doutor) e ensino do teatro, que requer a abordagem de problemas ligados à representação e ao palco. O último parágrafo do livro de Japiassu evidencia o problema a ser resolvido.

> *A proposta metodológica para o ensino do teatro ancorada no* sistema de jogos teatrais spoliniano, *exposta na segunda parte deste livro, busca sinalizar a superação do "espontaneísmo" e da "livre expressão", que tanto caracterizaram o ensino das artes durante os anos 60 e 70, sistematizando procedimentos que redimensionam o papel do teatro na educação escolar e, consequentemente, solicitam do professor o compromisso pedagógico com a organização de ambientes para o aprendizado das possibilidades estéticas e comunicacionais da linguagem cênica* (Japiassu, 2006, p. 220).

O ensino de dança esbarrou no mesmo problema, como explica Isabel Marques. Até o início da década de 1980, a sua preocupação maior foi o desenvolvimento da criatividade, associada ao espontaneísmo, à autoexpressão, ao *laissez-faire* na sala de aula. Os anos 1980 e 1990 tentaram afirmar a "arte como conhecimento", conforme o *slogan* da época. No Brasil, Ana Mae Barbosa, pioneira da arte-educação, formulou a sua proposta triangular: *fazer* arte; *ver e apreciar* arte; *contextualizar* arte na sua história (Barbosa, 1978; Marques, 1999).

De fato, essa é, hoje em dia, a questão fundamental: o que entrou na escola, nesse movimento cultural do século XX, associando novas ideias pedagógicas, dança moderna /contemporânea, jogos teatrais na sala de aula?

Entraram Dança, Teatro, Artes visuais, Música? Ou entraram formas de expressão de si utilizando recursos da dança, do teatro, das artes visuais e da música? Qual é a situação atual? Qual é o lugar da dança, do teatro e do seu ensino na sociedade contemporânea?

3. O ensino da Dança e do Teatro na sociedade contemporânea

Sempre a educação é encontro da atividade do educando e de um patrimônio a ser-lhe transmitido. Quando há patrimônio sem atividade, a situação de ensino fica chata e, muitas vezes, o processo fracassa. Quando há atividade sem patrimônio, a situação pode ser agradável, por causa do prazer gerado pela própria atividade, pode até treinar capacidades, mas ela não inscreve a pessoa em uma história, aquela da sua sociedade, da sua cultura, da espécie humana e, sendo assim, ela não a educa. Não há educação quando a criança deve memorizar saberes que não têm sentido para ela. Mas tampouco há educação quando o nível qualitativo da atividade não muda entre o início e o fim, sendo a qualidade definida por normas específicas a cada tipo de atividade. As normas da Dança e da Matemática não são iguais, nem as normas do balé clássico e da dança moderna, mas cada uma dessas atividades tem uma normatividade e só há educação quando o aluno progride na apropriação das normas específicas da atividade.

Mas nunca é fácil articular atividade e patrimônio, sentido e normatividade. A pedagogia tradicional, embora não negligenciasse a atividade, privilegiava a transmissão do patrimônio e a estruturação de qualquer atividade por normas, muitas vezes rígidas. A atividade era atividade de aplicação de regras já ensinadas; aprender a dançar era incorporar movimentos antinaturais do balé clássico; estudar o teatro era entender a estrutura normativa de um texto. Pelo menos, tal era o tipo ideal da pedagogia, o que conferia legitimidade ao processo de ensino-aprendizagem, mesmo que as situações reais sempre fossem mais complexas e contraditórias do que suponha o tipo ideal. Aos poucos no século XX, o tipo ideal mudou e, nas décadas de 60 e 70, imperou a contranorma de expressividade e criatividade: desta vez, privilegiaram-se a espontaneidade da atividade e o sentido, em detrimento da estruturação da atividade e da transmissão de um patrimônio cultural, embora, novamente, as situações reais fossem mais complexas e contraditórias.

Qual é a situação na sociedade contemporânea? Poder-se-ia dizer que a principal característica ideal típica dessa sociedade, no que diz respeito às questões pelas quais nos interessamos neste texto, é que não há mais norma considerada legítima por si mesma, nem aquela norma tradicional que consistia em dominar o seu corpo e seus desejos, nem essa contranorma de fato que exigia de cada um espontaneidade, expressividade, criatividade. Hoje em dia, normas e práticas são plurais e coexistem em um ambiente de tolerância... E indiferença. Por um lado, cada um pode escolher ser quem ele quiser, inclusive naquele domínio onde a norma, historicamente, foi a mais brutal, o da sexualidade. Por outro lado, as escolhas confrontam-se,

QUAL O LUGAR PARA AS ARTES NA ESCOLA DA SOCIEDADE CONTEMPORÂNEA?

de fato, em um mercado "livre", isto é, regulado pelo dinheiro e não mais por debates teóricos. Essa pluralidade das normas e, ainda mais, as contradições entre normas consideradas legítimas, é uma fonte de perplexidade e de confusão para a escola e os professores: ensinar o quê? Ensinar como?

Nunca a pedagogia nova conseguiu impor-se nas salas de aula, senão em algumas escolas ou com alguns docentes. Sempre foi uma pedagogia de combate, que impôs debates, mas ficou marginal. Já não estamos na época em que Freinet foi excluído, ao mesmo tempo, da escola pública e do Partido Comunista. Mas estamos em uma época em que se homenageiam Dewey, Freinet, Freire e, ato contínuo, organizam-se vestibulares com questionários de múltiplas escolhas. No Brasil, hoje, as práticas pedagógicas são basicamente tradicionais; aliás, a própria organização da escola, com espaço e tempo segmentados e avaliação individual, impõe, de fato, práticas tradicionais. Mas o professor tem de enfrentar uma dupla contradição. Em primeiro lugar, a pedagogia tradicional já não funciona em uma sociedade que tenta satisfazer os desejos e não mais os denuncia e combate. Em segundo lugar, o discurso oficial, o dos formadores, dos pesquisadores, das próprias autoridades acadêmicas, despreza a pedagogia tradicional e valoriza um "construtivismo" cuja realização prática em salas de aula normais permanece um tanto misteriosa. Entre uma estrutura organizacional tradicional e um discurso oficial construtivista, os professores tentam sobreviver por uma bricolagem pedagógica cotidiana, em que, sob o fundo de práticas tradicionais, eles abrem parênteses construtivistas:

expressão e desenho livres; debates na sala, inclusive "debate científico"; momentos de trabalho em grupo, de pesquisa coletiva, com base em documentos ou na Internet etc. (Charlot, 2008).

Igual confusão, perplexidade ou, se se preferir, pluralidade, encontram-se no ensino da dança.

> *Professores atuantes na área de dança no Brasil têm o privilégio de poder perguntar: que ensino de dança queremos? Pois quase tudo ainda está por ser feito e pensado. Estamos passando por uma fase de transição em que o fazer-pensar dança na escola brasileira está sendo construído – sendo construído por nós* (Marques, 2003, p. 33).

As ideias de Ana Mae Barbosa, divulgadas, em particular, por Isabel Marques na área da Dança, parecem obter um consenso: fazer, ver e contextualizar arte.

> *A construção de conhecimento no campo das artes implica três tipos de saber diferenciados e, ao mesmo tempo, complementares (...): o conhecimento direto, sem intermediação das palavras (ou do inglês "knowing this"), o conhecimento sobre as artes (do inglês "knowing that") e o conhecimento de como fazer algo (do inglês "knowing how")* (Marques, 1997, p. 23).

Neste texto, Isabel Marques refere-se a um texto em inglês de L. A. Reid, publicado em 1983.

> *Em suma, os conteúdos específicos da dança são: aspectos e estruturas do aprendizado do movimento (aspecto da coreologia, educação somática e técnica); disciplinas que contextualizem a dança (história, estética, apreciação e crítica, sociologia, antropologia, música, assim como saberes de anatomia, fisiologia e cinesiologia) e possibilidades de vivenciar a dança em si (repertórios, improvisação e composição coreográfica)* (Marques, 2003, p. 31).

Encontra-se em Débora Barreto igual concepção do ensino da dança. "O que ensinar de dança na escola?", pergunta ela. Ela responde: "Conteúdos de dança" ("técnicas de expressão de dança" e "conteúdos coreológicos"), "conteúdos sobre a dança" ("anatomia, cinesiologia, história da dança e música"), "conteúdos de sensibilização" ("conteúdos do cotidiano", "fruição estética" e "apreciação estética"). Essa lista inclui, ao mesmo tempo, improvisação, exercícios de dança clássica, moderna, folclórica, contato com obras de arte e espetáculos de dança (Barreto, 2004, p. 67-8).

Esse aparente consenso, porém, oculta uma situação um tanto complexa e contraditória.

Em primeiro lugar, a situação do balé clássico permanece ambígua. Ele é criticado pelos autores de referência, às vezes com palavras muito duras, e também nas universidades. Garaudy chama-o "arte de evasão da realidade", "gosto da proeza gratuita e do maneirismo" e, no início do século XX, "arte decorativa, desumanizada como uma rainha fútil e bonita, embalsamada no seu caixão de vidro" (Garaudy, 1980, p. 36-7, 41). Isabel Marques critica no balé clássico a concepção do corpo como "instrumento da dança", "algo a ser controlado, adestrado e aperfeiçoado, segundo padrões técnicos que exigem do dançarino uma adaptação e submissão corporal, emocional e mental àquilo que está sendo requerido dele externamente" (Marques, 2003, p. 110). Contudo, Isabel Marques evoca outra possibilidade: "Um ensino de balé clássico crítico, contextualizado, desconstruído e explicitamente reconstruído dentro de uma perspectiva contemporânea" (Marques, 2003, p. 69). Resta saber o que significa reconstruir o balé clássico dentro de uma perspectiva contemporânea. Pode-se substituir o tutu pelas calças *jeans* e até renunciar às sapatilhas e às pontas, nem por isso o balé clássico se tornará dança contemporânea. O projeto do balé clássico, como vimos, é fundamentalmente diferente do da dança moderna. Por que não aceitar esse projeto, por que recusar a ideia de que pessoas, e até crianças, possam encontrar uma forma de profunda satisfação pessoal ao controlar e aperfeiçoar o seu corpo e as suas emoções? Fala-se a cada hora do direito à diferença. Será que o gosto pelo balé clássico sobrará como a única diferença inaceitável? Considera-se o balé clássico como politicamente incorreto ("rainha fútil e bonita" em Garaudy, "submissão... àquilo que está sendo requerido externamente", em Marques). Mas por que o controle do seu corpo, graças a longas horas de treinamento, é considerado prática elitista e leviana quando se trata de balé clássico e maravilha encantando o povo quando se trata dos dribles de Ronaldinho ou de Neymar? Tentar impor a prática do balé clássico a uma criança que não encontra sentido nenhum na dor do seu corpo é atentar contra os seus direitos humanos. Desprezar a prática do balé clássico por quem pretende ser dono/dona do seu corpo, inclusive na dor e pela dor, é atentar contra o direito à diferença.

A situação no que diz respeito à dança reduzida à expressão corporal espontânea é ambígua também. De fato, essa ideologia segue permeando o ensino da dança em muitas escolas: a improvisação/expressão permanece a base do ensino de dança em muitos lugares. A ideia de que a espontaneidade se conquista e a criatividade se aprende ainda não consta das ideias pedagógicas dominantes.

A dificuldade para definir uma prática de referência constitui outro obstáculo. Balé clássico, dança moderna, contemporânea, folclórica, ritual (no candomblé, por exemplo), samba do carnaval, valsa, tango e danças de salão, e, claro, dança que permite constituir casais no sábado à noite nas boates (forró, disco...): onde parar? Segundo Marques, a seleção dos conteúdos depende de cada situação educativa, em uma "articulação múltipla entre o contexto vivido, percebido e imaginado pelo/do aluno(a) e os subtextos, textos e contextos da própria dança" (Marques, 1997, p. 25). A proposta é pertinente, mas deixa para cada professor o trabalho de escolher. Sendo assim, grande é o risco de o professor pensar que o importante, afinal de contas, é dançar, seja qual for a dança – o que acaba por remeter, novamente, à dança como expressão e improvisação.

Destaque da própria autora.

Por fim, existe um risco de instrumentalização da dança. Sejam quais forem as excelentes intenções, ao pretender colocar a dança ao serviço das lutas a favor da pluralidade cultural, da ética, da ecologia, da saúde, contra a discriminação de gênero ou social etc. (Marques, 2003), corre-se o risco de perder a Dança e a sua especificidade educativa. Graças à dança, aprende--se uma forma específica de viver-se como sujeito-corpo, em um espaço muitas vezes compartilhado com outros, em um tempo organizado por ritmos: esse é o objetivo fundamental do ensino da dança. Às vezes, ela pode contribuir para outros objetivos, no quadro de uma atividade interdisciplinar, mas esses não passam de objetivos secundários, derivados de outros projetos.

De certo modo, a situação é muito mais clara no que diz respeito ao Teatro... haja vista que não se ensina teatro, mas jogos teatrais. Entretanto, nesta mesma diferença reside o problema principal.

A pluralidade das formas de teatro é ainda maior do que a das formas de dança. Porque as estéticas de referência são múltiplas: teatro clássico, romântico, naturalista, simbolista, épico, do absurdo etc. Porque, ademais, o texto de teatro é escrito em uma determinada língua (português, francês, inglês, espanhol...), o que abre ainda mais o leque das escolhas a serem feitas; embora não haja gestualidade universal, a dança escapa em grande parte a essa dificuldade: nós, ocidentais, entendemos alguma coisa, pelo menos um pouco, da dança oriental. Porque, enfim, a história conserva a memória e acumula as obras de teatro que envolvem um texto, embora tenha perdido, como no caso da dança, o que existiu sem texto (*commedia dell' arte*, teatro de feiras etc.). Até as *performances*, que fogem completamente à lógica do texto escrito e "representado", deixam hoje traços (textos, fotografias, vídeos...).

Essa pluralidade apresenta-se, hoje em dia, como apaziguada. Nem sempre foi o caso. A "Querela do Cid", em 1637, a "Querela dos Antigos e dos Modernos", em 1688, a "Batalha de Hernani" em 1830, foram eventos de grande violência simbólica. Ainda nos anos 60 do século XX, a polêmica que opôs o teatro político, simbolizado por Brecht e o teatro do absurdo, representado por Ionesco, não se desenvolveu com um tom ameno. Em 1967, Ionesco escreveu que esses autores políticos "querem nos violar", que cada um deles "tem um mau para punir, um bom para recompensar" e que "é por isso que toda obra realista ou engajada é apenas melodrama" (citado em Ryngaert, 1998, p. 45). Entretanto, não houve na área do teatro, à diferença do que aconteceu na dança com o balé clássico, uma forma teatral que monopolizasse a legitimidade artística por mais de dois séculos. As formas teatrais esteticamente dominantes variaram conforme as épocas e o teatro clássico permanece respeitado, embora não esteja mais imitado. Talvez seja por isso que o mundo do teatro vive uma pluralidade mais tranquila do que a do mundo da dança.

> *O sincretismo que parece prevalecer atualmente é consequência de um espírito de liberdade e de tolerância. Cada um tem o direito de fazer o que quer, e de roubar seu mel onde acha que vai encontrá-lo. (...) Ninguém pretende mais impor nem dogma nem modelo à coletividade. Cada um teoriza para si sem que seja necessário polemizar – portanto, no limite, a explicitar – em um texto público, essa reflexão. (...) Caso se tente definir um modelo contemporâneo, irá se falar de cruzamentos, de mestiçagens, em suma de um "teatro no plural" que conjuga elementos heterogêneos. Mas um dos efeitos perversos dessa evolução não seria um indiferentismo teórico?* (Roubine, 2003, p. 201-2).

Tal situação poderia trazer grandes problemas ao ensino do teatro: ensinar qual tipo de teatro? Contudo, há um consenso quanto à resposta: não se trata de ensinar uma forma específica de teatro, mas, sim, *jogos teatrais*. Os livros de referência, utilizados pelas universidades para formar os futuros professores de teatro, muitas vezes reeditados e, portanto, muito lidos, não deixam nenhuma dúvida quanto a essa orientação dominante:

- Augusto Boal. *Jogos para atores e não atores*. 12ª edição em 2008.
- Viola Spolin. *Improvisação para o Teatro*. Publicado em 1963 em inglês e 4ª edição no Brasil em 2000. Da mesma autora, *Jogos teatrais na sala de aula: um manual para o professor*. Publicado em 1986 em inglês. Traduzido em 2007, com reimpressão já em 2008.
- Maria C. Novelly. *Jogos Teatrais: exercícios para grupos e sala de aula*. Publicado em 1985 em inglês e 12ª edição no Brasil em 2010.
- Ricardo Japiassu. *Metodologia do ensino de Teatro*. 6ª edição em 2006.
- Ingrid Dormien Koudela. *Jogos Teatrais*. 4ª edição em 2001.

Em princípio, a diferença entre jogos dramáticos e jogos teatrais foi bem explicitada, por Slade, Spolin, Koudela, Japiassu etc. Além disso, a triangulação proposta por Ana Mae Barbosa pode funcionar na área do teatro bem como na da dança: fazer, ver e contextualizar teatro.

> *O trabalho pedagógico com sua metodologia de ensino do teatro permite que os alunos experimentem o fazer teatral (quando jogam), desenvolvam a apreciação e compreensão estéticas da linguagem cênica (quando assistem a outros jogarem) e contextualizem historicamente seus enunciados estéticos (durante a avaliação coletiva quando também se autoavaliam)* (Japiassu, 2006, p. 42).

Ao analisar os textos, porém, a situação não é tão clara assim. Sobram três dificuldades.

Primeira dificuldade: será que o jogo teatral visa mesmo ao ensino do teatro? Augusto Boal levanta explicitamente a questão a respeito do Teatro-Fórum: "Teatralidade ou reflexão?". E propõe a seguinte resposta: "Normalmente, num teatro, é quase inevitável que a tendência seja para a teatralidade (...). Quando, porém, se trata de pequena plateia constituída de pessoas igualmente motivadas, a reflexão predomina, e a busca pode ser mais frutífera" (Boal, 2008, p. 332-3). A questão é complexa, haja vista que, nas concepções de Brecht ou Boal, a reflexão é um objetivo fundamental do teatro. Mas Brecht sempre foi bem claro nesse assunto: por visar à reflexão, o teatro não deixa de ser teatro. Se se esquecer desse princípio, o jogo teatral, com o álibi de ser ensino do teatro, fica instrumentalizado ao serviço de outros objetivos, que, por mais legítimos e nobres que sejam, ocupam um lugar que não é seu.

Segunda dificuldade: o jogo teatral como expressão espontânea e, ao mesmo tempo, aprendizagem de técnicas teatrais. Japiassu explica, na página 220, que o jogo teatral "busca sinalizar a superação do 'espontaneísmo' e da 'livre expressão'", mas escreve também, na página 26: "O princípio do *jogo teatral* é o mesmo da improvisação teatral, ou seja, a comunicação que emerge da espontaneidade das interações entre sujeitos engajados na solução cênica de um problema de atuação". Superar o *espontaneísmo* por interações *espontâneas*? A própria Viola Spolin intitula "A Experiência Criativa" a primeira seção do seu livro *Improvisação para o Teatro* e, nela, apresenta "sete aspectos da espontaneidade". Um desses aspectos diz respeito às "técnicas teatrais". Spolin escreve:

> *Quando o ator realmente sabe que há muitas maneiras de fazer e dizer uma coisa, as técnicas aparecerão (como deve ser) a partir do seu total. Pois é através da consciência direta e dinâmica de uma experiência de atuação que a experimentação e as técnicas são espontaneamente unidas, libertando a aluno para o padrão de comportamento fluente no palco. Os jogos teatrais fazem isso* (Spolin, 2000, p. 13).

Encontra-se a mesma ideia na última frase do seu livro *Jogos teatrais na sala de aula*: "Depois de familiarizados com os jogos, os atuantes irão descobrir que as habilidades, técnicas e espontaneidade necessárias no teatro irão se tornar rapidamente e para sempre suas" (Spolin, 2008, p. 272). Na verdade, trata-se de uma aposta: o jogo teatral possibilita adquirir técnicas teatrais sem perder a espontaneidade da criança e do ator. Essa aposta é comum aos autores que escrevem sobre o jogo teatral. Assim, Maria Novelly escreve: "Essas atividades deverão auxiliar o despertar da criatividade do ator e o desenvolvimento de habilidades técnicas no palco" (Novelly, 2010, p. 9).

Que uma Viola Spolin fosse capaz de gerir e superar a tensão entre espontaneidade e técnica, isso é muito provável. Mas o que acontece quando essa aposta constitui um desafio para o professor "normal"? Ora, é para esse professor normal que Spolin escreve esses livros em que expõe seus jogos teatrais. "Destinado a professores que tenham pouco ou nenhum treinamento em teatro, este livro é uma guia (...)": assim começa o livro *Jogos teatrais na sala de aula*, de Spolin. "Não é um livro de estudos para atores. Serve como um recurso para professores e orientadores de teatro, animadores culturais, líderes de grupos de jovens em igrejas e para promotores de atividades recreativas e dirigentes de agremiações", explica o segundo parágrafo do livro *Jogos Teatrais: exercícios para grupos e sala de aula*, de Maria Novelly. Esse livro, acrescenta ela, "não exige experiência com adolescentes ou treino dramático prévios" (Novelly, 2010, p. 9). Sem "nenhum treinamento em teatro" (Spolin) e sem "experiência com adolescentes" (Novelly), o professor vai mesmo conseguir fazer com que o aluno aprenda através da improvisação espontânea as "habilidades e técnicas (...) necessárias no teatro" (Spolin, 2008, p. 272)?

Terceira dificuldade: esse ensino do teatro por jogos teatrais só se preocupa com o ator, a sua fala frente a um problema, eventualmente os seus gestos – e com o espectador enquanto ator potencial. Mas o teatro não é apenas atuação, é também cenário, espaço, luz, maquiagem, figurino e aquela síntese que constitui a encenação (Ryngaert, 1996).

Que o jogo teatral eduque, que ele leve à reflexão, que ele socialize em uma sociedade onde o encontro cotidiano com o outro obedece a uma lógica dramática (Goffman, 1975), disso não se pode duvidar. Mas as três dificuldades que acabamos de analisar levam à mesma preocupação: a de que, no jogo teatral, sejam perdidas muitas especificidades da atividade teatral, uma grande parte do que chamamos a normatividade da atividade. Mais, claro, a própria obra teatral construída pelas gerações anteriores, que nem sequer aparece como um dos temas do debate pedagógico sobre o ensino do teatro. Livrado da objeção da técnica e a da obra, o discurso sempre volta ao tema da expressão e da criatividade, apesar da crítica explícita à ideologia espontaneísta. E, quer na dança, quer no jogo teatral, vigora, como principal atividade, a improvisação, menina dos olhos da ideologia espontaneísta. Não condeno a preocupação com a "improvisação", a "espontaneidade", a "criatividade", embora sejam noções pouco claras e bastante suspeitas em uma sociedade que, como mostraram, em particular, Bourdieu e Foucault, molda as nossas representações e os nossos gostos sem sequer que o percebamos. Mas defendo a ideia de que a educação à arte, a arte-educação, ou seja qual nome que se queira dar ao projeto, não pode ser apenas improvisação e espontaneidade e requer encontro com obras e trabalho reflexivo sobre a atividade.

4. Sujeito, Desejo e Arte na sociedade contemporânea

A pedagogia tradicional não foi uma pedagogia errada. Bem pelo contrário, ela traduziu de forma pertinente as condições de vida e as relações sociais vigentes na história dos homens até recentemente – e ainda hoje em vários lugares do planeta. Historicamente, a escassez de comida e de bens foi o estado normal das sociedades humanas. Na sociedade da pobreza, o que se deve ensinar ao povo? Nem é necessário explicar-lhe que não pode satisfazer todos os seus desejos: sabe-o, por experiência cotidiana. Mas deve-se ensinar-lhe, na igreja, na família, na escola, que o sacrifício do desejo, a fome, a doença, a morte são normais e constituem até um bem: quem peca, quase sempre pelo corpo, acabará no Inferno; quem vive na ordem de

Deus, isto é, conforme as ordens da Igreja e dos senhores, conhecerá a felicidade eternal do Paraíso. Aos filhos da aristocracia dominante também, é preciso ensinar o sacrifício do desejo e do corpo: para preservar a fortuna e o nome da família, só o filho macho mais velho herda e, portanto, filhos mais novos tornam-se padres ou soldados e filha casa com quem a família decidir, ou entra no convento.

Historicamente, aquelas sociedades que pretenderam disciplinar o corpo por uma pedagogia chamada hoje de tradicional foram sociedades da austeridade. Nelas, o teatro clássico dava mais um exemplo do poder das regras e providenciava, de acordo com a filosofia de Aristóteles, uma oportunidade de catarse das paixões, ou seja, de purificação. Quanto ao balé clássico, ele oferecia o maravilhoso espetáculo de uma bailarina esguia não por fome, mas por ter conquistado um corpo que escapava aos movimentos do mundo natural. Tanto por sua beleza como por ser criatura de sonho, a bailarina encarnou o corpo desejável e, paradoxalmente, emblema da disciplina corporal, ela passou a ser, ainda, símbolo de corpo livre e de moça-sexo.

A chegada da burguesia ao poder não foi suficiente para mudar essa configuração cultural histórica: os filhos da burguesia também devem aprender a não desperdiçar o capital familiar e a cultivar as virtudes da poupança. Essa configuração só começou a sofrer fissuras no final do século XIX e início do século XX, naquele momento que os franceses chamam de *Belle Époque* (Bela Época): a economia mundial desfrutava uma nova fase de crescimento depois de uma longa crise; entrava-se em um novo mundo, com petróleo, eletricidade, telefone, telégrafo sem fio, bicicleta, automóvel, avião, cinema; nascia uma cultura do divertimento, em particular nos cabarés; Alemanha, Estados Unidos, Rússia, Japão juntavam-se à Inglaterra e à França enquanto potências industriais. Vigorou um sentimento de liberação da vida, de progresso, de futuro promissor, que levou à valorização da juventude, da espontaneidade, da criatividade. E, ainda, a uma nova valorização do corpo: em 1894, no anfiteatro da Sorbonne, símbolo de saber e de educação, o barão Pierre de Coubertin anunciou a renascença dos Jogos Olímpicos, organizados em 1896.

Nem por isso acabou o sofrimento, como atestam os 9 milhões de mortos na Primeira Guerra Mundial (1914-1919) e, mais tarde, os milhões de desempregados da Crise de 1929 e os 62 milhões de mortos da Segunda Guerra Mundial (1939-1945). Para significar esse mundo, a dança moderna exprime, em muitas das suas correntes, a tensão, a luta, o conflito, a resistência ou a queda, o terror, o sacrifício, o desafio, a concentração e a explosão de vida. O teatro, com Artaud, sonha na volta da cerimônia sacrificial, no teatro-crueldade ou, para transformar esse mundo, politiza-se cada vez mais.

No movimento de longo prazo, entretanto, o século XX pariu, além de suas guerras e crises mundiais, a sociedade do desenvolvimento e do consumo. Aos anos de reconstrução pós-guerra seguiram-se anos de crescimento rápido e, após a crise dos anos 1970, vieram as décadas de 1980 e 1990, em que a produção de riqueza foi concebida com referência a um mundo "global". Decerto, as desigualdades permaneceram e, às vezes, aumentaram, no interior das sociedades e entre elas. Mas desde a década de 1960, o objetivo explícito das sociedades humanas é o desenvolvimento. Logo, os fundamentos culturais da maior parte das sociedades vacilaram e eles mudaram definitivamente após 1968.

Do que precisa uma sociedade que visa ao desenvolvimento? Do consumo e, portanto, do desejo. Findam-se séculos de discursos morais, religiosos e filosóficos sobre o controle dos desejos pela Razão e, logo, acabam também séculos de repressão sexual. Já não se fala de poupança, que requer uma suspensão da satisfação dos desejos, mas de crédito, que possibilita satisfazê-los o quanto antes e de publicidade, que desperta novos desejos e, portanto, nutre o crescimento econômico. Acabou o mundo da norma que constrange o desejo. Chegou o tempo do direito à felicidade, da legitimidade dos desejos, das formas plurais de sexualidade etc. De modo mais geral, chegou a hora do sujeito e dos seus direitos: à felicidade, à diferença, à expressão, à criatividade, à espontaneidade e quase à juventude e à beleza até a morte. Queira-se ou não, goste-se ou não, esse é o novo fundamento cultural da nossa sociedade. Não é de se admirar que, nesse mundo novo, o ensino da dança e do teatro seja, muitas vezes, uma oportunidade para exprimir a si mesmo, improvisando e escapando ao constrangimento que, supostamente, cria qualquer norma.

Contudo, expressão não é, por si só, arte e, logicamente, veio do próprio seio das artes uma reação contra a ideologia expressionista, quer seja na dança, no teatro ou nas artes visuais.

Na dança, Merce Cunningham, que foi por muito tempo primeiro bailarino de Martha Graham, criou sua própria companhia em 1953 e opôs-se aos princípios de Martha Graham e à ideia de que a dança deve ser uma forma de expressão. Para ele, a Dança é a Arte do Movimento. Este não precisa constituir uma totalidade harmônica, como no balé clássico, nem exprimir sentimentos e emoções, como na dança moderna, ele vale em si. Cada bailarino dança a sua parte, isolado dos outros e, também, cada parte do seu corpo dança sem ter a obrigação de levar em consideração as demais. Tampouco se deve tentar articular movimento, música, cenário: as artes são autônomas e devem interagir aleatoriamente. De forma mais geral, haja vista que a dança não tem finalidade alguma, nem beleza nem expressão, nenhum princípio tem de orientar a coreografia, nem sequer o princípio de causalidade e, portanto, qualquer coisa pode suceder a qualquer outra ou a ela estar associada, ao acaso. Quem deve reparar em tal ou qual movimento, escolher, relacionar elementos soltos, é o espectador, que cria um espetáculo como base na matéria-prima a ele ofertada, o *seu* espetáculo, diferente daquele que os demais espectadores constroem, cada um por si (Garaudy, 1980; Marques, 2003). Robert Dunn, com suas aulas no estúdio de Merce Cunningham, o Judson Dance Theatre, criado em 1962 com base em trabalhos desenvolvidos com Dunn, o Grupo de improvisação Grand Union, entre cujos membros vários saíam do Judson Dance Theatre, seguiram trilhando as pistas abertas por Cunningham e, cada vez mais, associaram o próprio espectador ao espetáculo (Marques, 1999, 2003).

Nas décadas de 1980 e 1990, com Pina Bausch e vários dançarinos, a reação contra os excessos dessa corrente levou a uma "ressementização da dança" (Marques, 2003, p. 190).

Merce Cunningham colaborou com várias estrelas da *pop art*, em particular o músico John Cage, que "transformou a música em sons" (Marques, 2003, p. 184), e os artistas plásticos Robert Rauschenberg e Andy Warhol, que conceberam cenários e iluminações para coreografias de Cunningham. Para a *pop art*, não é o objeto apresentado/representado que faz a arte ser arte. O dadaísmo realizou a provocação mais radical, quando Marcel Duchamp enviou para um concurso de arte um urinol com assinatura. Duchamp propôs o conceito de *ready made* (já feito, pronto), objeto da vida cotidiana levado para o mundo das artes (como Picasso, Braque e outros já tinham feito com os *collages*). Andy Warhol pintou garrafas de Coca-Cola, latas de extrato de tomate, retrato de Marylin Monroe. Trata-se de uma dessacralização da Arte através da banalização do seu objeto. Também, para Cunningham, "qualquer movimento pode servir de matéria-prima" (Garaudy, 1980, p. 154) e, para Dunn, "todo movimento é dança" (Marques, 2003, p. 183).

Como já mencionado, o teatro contemporâneo existe sob múltiplas formas. Nem todas condizem com a estética da fragmentação e da dessacralização da arte que se encontra em Cunningham ou na *pop art*. Bem pelo contrário, uma corrente enraizada nas ideias de Antonin Artaud, com o Living Theatre, o Bread and Puppet Theatre, Bob Wilson ou Grotowsky, visa a devolver ao teatro o seu caráter sagrado, litúrgico,

De certos pontos de vista, pode-se, também, evocar aqui o *nouveau roman* (Robe-Grillet, Sarraute...) e o cinema (Alain Resnais) da mesma época (Garaudy, 1980).

sacrificial. Apesar de valorizar o gesto e o grito e, portanto, certa forma de expressão em detrimento do texto, esse teatro não é expressionista, nem espontaneísta.

> *O palco então se torna um altar. O ator é ao mesmo tempo o sacrificador e a vítima. Porém, diz Artaud, o sacrifício do ator não poderia ser entregue à sua iniciativa pessoal. Para alcançar uma maior "eficácia", deve ser enquadrado por um ritual minucioso que o garantirá contra acasos imprevisíveis e incontroláveis. (... As técnicas) deveriam permitir controlar, e portanto amplificar, essas forças obscuras que o ator traz à superfície e às quais deve dar uma forma e uma representação* (Roubine, 2003, p. 172).

Tal teatro é uma experiência dos limites, conforme o próprio Artaud e, portanto, é difícil levar esse projeto ao palco e impossível propô-lo a uma escola, para crianças e adolescentes.

Entretanto, as duas outras correntes dominantes, embora desenvolvam estéticas diferentes e conflitantes, apresentam características que convergem com as da dança contemporânea e da *pop art*. Quer seja o teatro chamado de "metafísico" ou "do absurdo" (Beckett, Ionesco...) ou o teatro épico e político de Brecht, o teatro contemporâneo rejeita as grandes narrativas unificadoras. "Muitos autores contemporâneos escolhem narrar por quadros sucessivos, desconectados uns dos outros, (... que eles) denominam cenas, fragmentos, partes, movimentos" e que produzem efeitos de caleidoscópio ou de prisma (Ryngaert, 1998, p. 86). O que Ryngaert escreve a respeito do teatro contemporâneo aplica-se perfeitamente à dança contemporânea inspirada pela estética de Cunningham: "Uma estética do fragmento e da descontinuidade com certeza ganhou com isso, assim como uma estética de sutilização da ilusão. Tudo pode se encadear ou se entrechocar, tudo pode se transformar" (p. 68).

A narrativa, se é que ainda se pode usar essa palavra, não é apenas fragmentada, quebrada, ela é também incompleta e, muitas vezes, alusiva. Os textos do teatro metafísico "fornecem poucas informações que ajudam a construir uma história, ou, pior, algumas informações aceitas sem verificação conduzem a falsas pistas, a fragmentos de história que não levam a lugar nenhum" (Ryngaert, 1998, p. 28). Quanto a Brecht, ele faz questão de não fechar a sua peça, não dar a "boa resposta".

Por fim, o teatro contemporâneo considera, como a *pop art*, que se podem fazer artes com qualquer coisa. Pode-se "fazer teatro de tudo", conforme a famosa declaração de Vitez em 1976: de textos não previstos para o teatro, como romances, e da fala cotidiana na sua maior banalidade. "Não há, portanto, nenhuma razão para que o teatro não possa se apropriar dos fragmentos deste texto único que é escrito pelas pessoas, perpetuamente" (citado em Ryngaert, 1998, p. 64-5).

Se não há objeto de arte em si, se os bailarinos dançam cada um a sua parte sem preocupação com uma totalidade harmoniosa, se o teatro apresenta fragmentos desconectados e banalidades cotidianas, onde fica a arte? Quer seja na área da Dança, do Teatro, das Artes plásticas, da Música, da Literatura etc., a resposta da Arte contemporânea é a mesma: a arte fica no olhar, na escuta, na interpretação do espectador, ouvinte, leitor; o que faz um objeto ser arte é o olhar que o constitui como tal. Essa estética da recepção é o consenso profundo que define a arte contemporânea, além da pluralidade e da conflituosidade das suas formas.

Pode-se considerar que uma cumplicidade do leitor ou espectador sempre foi necessária para que haja arte: quem pula no palco para bater na personagem ruim ou chama a polícia para cuidar de uma louca que, na verdade, é uma *performer* atuando na rua, não entendeu nada. Sartre analisou muito bem o prazer estético em páginas que levam a repensar radicalmente o projeto realista ou naturalista: gostamos da história não *apesar de* ela não ser real, mas *porque* sabemos que é imaginária (Sartre, 2008).

Em um segundo nível, esse princípio da recepção pode ser representado na própria obra. Por exemplo, no quadro *Las Meninas*, de Velásquez, o espectador é o ponto de convergência do quadro: o pintor, a Infanta real e várias pessoas representadas olham para o lugar onde fica quem contempla o quadro. Encontram-se outros exemplos interessantes na Literatura, quando, no próprio texto e não em um prólogo, o autor fala ao leitor do livro enquanto leitor de um livro, o que é o caso de Machado de Assis, em várias obras, e de José Saramago no seu último livro, *Caim*.

A arte contemporânea vai além: o trabalho feito pelo leitor/espectador é constitutivo do próprio objeto de arte. O diretor da companhia de dança ou de teatro não propõe um balé ou uma peça, ele providencia a matéria-prima que permite a cada um construir a dança ou a peça à qual assiste. Nessa lógica, o último passo a ser dado é incorporar o espectador ao espetáculo (Judson Dance Theatre), fazer dele um "espectATOR" que decide do texto e atua (Teatro-Fórum de Boal).

> Por exemplo, em *Memórias póstumas de Brás Cubas* ou em *Quincas Borba*. "Este Quincas Borba, se acaso me fizeste o favor de ler as *Memórias póstumas de Brás Cubas*, é aquele mesmo náufrago da existência, que ali aparece, mendigo, herdeiro inopinado, e inventor de uma filosofia" (Machado de Assis, 2002, p. 15). "Antes de prosseguirmos com esta instrutiva e definitiva história de Caim a que, com nunca visto atrevimento, metemos ombros, talvez seja aconselhável, para que o leitor não se veja confundido por segunda vez com anacrónicos pesos e medidas, introduzir algum critério na cronologia dos acontecimentos" (Saramago, 2009, p. 13).

Assim, as estéticas contemporâneas criticam a ideologia espontaneísta, mas, afinal, sustentam que o espectador, ou seja, cada um de nós, é criador de arte. Quer seja na ideologia expressionista e espontaneísta, quer seja na estética da recepção contemporânea, o sujeito é quem faz a arte advir. A questão da especificidade técnica da arte e aquela da obra de arte são menosprezadas, pelo menos nas justificadas. O discurso da arte contemporânea tende para uma arte sem obras. Novamente, como no caso da pedagogia tradicional e da estética clássica, não se trata de um erro teórico, mas do efeito da lógica cultural da época. Aos poucos, no decorrer do século XX, de forma mais nítida a partir da década de 60 e acelerada a partir da década de 80, o sujeito passou a ocupar o centro de gravidade da configuração cultural contemporânea: sua felicidade é o critério da ética e, cada vez mais, da religião e sua atividade estética define o que é arte.

Haja vista que a realização do espetáculo requer, de fato, um importante trabalho técnico, nos espetáculos apresentados por Martha Graham, Cunningham, Beckett, Brecht e os demais.

Definir a arte a partir da atividade do sujeito e dos seus desejos traz problemas quanto à função social da arte. Com efeito, essa valorização cultural e ideológica do sujeito e dos seus desejos acontece em uma sociedade cuja lógica fundamental, estrutural, é completamente outra. O que pedimos aos nossos jovens? Que vão à escola, gostem ou não; que estudem, mesmo quando o tema da aula for chato; que entrem cedo na concorrência com outros jovens, sejam aprovados no vestibular e obtenham um diploma, para conseguir um bom emprego. Desde que aceitem tudo isso, eles têm o direito à felicidade e à diferença, podem namorar, escutar a música que quiserem, dançar dança africana ou forró (apesar de que seria melhor

As Igrejas nascidas do "livro" (Antigo e Novo Testamentos e Corão) não aderem a essa nova configuração cultural, mas o próprio fenômeno religioso individualiza-se cada vez mais: acompanha-se a Igreja em que se sente mais à vontade.

que ela gostasse de balé clássico e ele de futebol, mas vamos respeitar o seu direito à diferença), fazer o que eles estiverem a fim de fazer. Mas que não esqueçam a prova... E a história continua, adaptada a cada idade da vida: no mundo do trabalho, no domínio público, social, lutem, sejam os melhores – e na sua vida privada podem fazer o que quiserem, são sujeitos livres, com os seus desejos singulares.

Qual a função da arte em tal sociedade? Dança-se em academias, para emagrecer, e em boates, para vencer a solidão. Praticam-se música, pintura, teatro, para relaxar, esquecer, sentir-se humano, para não matar o seu chefe nem a si mesmo. Em uma sociedade que impõe uma correria cotidiana e uma concorrência impiedosa, a atividade artística corre o risco de não passar de uma compensação psíquica. Nesse caso, a arte torna-se espaço de recuperação, turismo no interior de si mesmo.

Qual a arte-educação em tal sociedade? O que ela tende a ser hoje em dia: uma atividade de expressão não constrangida por normas e, por isso, considerada espontânea e criativa. Apesar dos esforços, das críticas, do consenso teórico acerca da triangulação proposta por Ana Mae Barbosa, sempre voltam àquela concepção da arte-educação e as práticas que a acompanham. Aquela concepção volta porque ela é socialmente pertinente: condiz com o discurso contemporâneo acerca do sujeito e dos seus desejos e cumpre, na própria escola ou nos lugares dedicados aos jovens, essa função de expressão/compensação/recuperação cada vez mais necessária em uma sociedade que pressiona cada vez mais os indivíduos. Entretanto, por mais pertinente que seja do ponto de vista social, uma arte-educação presa nessa ideologia expressionista não é pertinente enquanto educação.

A estrutura antropológica da educação requer atividade e patrimônio; desconectados, ambos perdem seu valor educativo. O ser humano nasce inacabado e a educação é o processo pelo qual ele se humaniza, se socializa, se singulariza. Esse processo só funciona quando se articulam um movimento do próprio sujeito que se educa e um conteúdo (enunciado, gesto, sentimento...) proposto pelo mundo e podendo nutrir esse movimento. Não há educação se o educando não mobiliza a si mesmo, não faz uso de si mesmo como um recurso, isto é, não entra em atividade. Portanto, não há educação artística se a criança não faz arte: essa é a verdade da corrente contemporânea. Mas tampouco há educação se o educando não encontra um patrimônio, isto é, obras, práticas, normas da atividade, que foram criadas pelas gerações anteriores. Portanto, não há educação artística se o aluno fica trancado na sua própria atividade, sem contato com as obras de arte e com as normas específicas que as possibilitaram.

A espontaneidade e a criatividade não são pontos de partida, ao contrário do que pensa o senso comum. São efeitos de uma educação que proporciona vários modelos de atividade, a serem adaptados, criticados, misturados, combinados, superados. O que faz um texto, um objeto ou um evento ser arte é o olhar que o constitui como tal. Aceitemos o princípio contemporâneo. Mas o olhar se educa.

Capítulo **VII**

O que chamamos de "Natureza"? Contribuição para uma abordagem crítica em Educação Ambiental

O que chamamos de "Natureza"? Contribuição para uma abordagem crítica em Educação Ambiental

A preocupação com a Educação Ambiental está progredindo em vários países, incluído o Brasil. Quem se interessa pela educação não pode deixar de parabenizar essa evolução, uma vez que se interessar pela educação significa ser comprometido com o futuro da espécie humana; esta não pode seguir a sua aventura se o meio ambiente não lhe providenciar os recursos de que ela necessita. Contudo, talvez chegue a hora de aprofundar a reflexão sobre o que queremos transmitir a nossos filhos através da Educação Ambiental. Com efeito, educar não é apenas ensinar conteúdos, ainda que seja também isso; é, ainda, ajudar as crianças a construírem certa relação com o mundo, certa concepção do que é o ser humano. Qual relação, qual concepção veicula a Educação Ambiental? Ainda hoje, muitas vezes, ela apresenta-se como uma defesa da "Natureza" contra as agressões perpetradas pelos homens. Por um lado, as vítimas: rios, árvores, bichos ameaçados; por outro, o vilão da história: o homem explorador, irresponsável, cruel etc. A contracorrente desta narrativa romântica é um tanto ingênua, tentaremos, neste texto, trazer à luz os significados complexos, ao mesmo tempo contraditórios e complementares, veiculados pela palavra "Natureza".

Texto publicado em: CRUZ, Maria Helena Santana (Org.). *Contribuições para pensar a educação, a diversidade e a cidadania.* São Cristóvão-SE: Editora UFS, 2009. p. 209-30. Este texto foi escrito e publicado com Veleida Anahí da Silva, doutora em Ciências da Educação da Universidade de Paris 8, professora no Departamento de Educação e no Núcleo de Pós-Graduação em Educação (NPGED) da Universidade Federal de Sergipe e coordenadora do Núcleo de Pós-Graduação em Ensino de Ciências e Matemática (NPGECIMA/UFS) e líder do Grupo de Estudos e Pesquisas CNPq/UFS Educação e Contemporaneidade (Educon).

Em uma primeira parte, sustentaremos a ideia de que já não se pode pensar a Natureza isoladamente do homem, uma vez que a Natureza foi humanizada no decorrer da história da espécie humana.

Na segunda parte, com base na Psicanálise e na Literatura, exploraremos os significados inconscientes associados à ideia de "Natureza".

Por fim, explicitaremos o papel que cumpriu esta ideia na história da Pedagogia.

Não será possível, claro está, desenvolver plenamente cada uma dessas análises. Basta-nos estabelecer que a Educação Ambiental deve, ao mesmo tempo, desconfiar do uso da palavra "Natureza" e trabalhar com os alunos os vários sentidos que esta desperta neles.

1. O homem é produto da História. A Natureza atual também

O homem não é um produto da Natureza, mas, sim, da História. Daí decorre que ele tem uma relação muito específica com a Natureza.

Decerto, a vida humana repousa em uma base genética. O comportamento do homem, porém, não se deduz do seu material genético, que só surte efeitos através da cultura. Homem e chimpanzé têm 95% de material genético comum. Isso não significa que o homem seja 95% igual ao chimpanzé e 5% diferente. O fato de terem material genético quase igual não traz como consequência um comportamento quase igual. O homem não é um ser da Natureza, apesar de ter uma base material genética.

> Quando falamos do "homem", pensamos, claro está, na espécie humana, que inclui homens e mulheres.

Sabemos, também, que o homem é produto da evolução natural. Mas a espécie humana originou outro tipo de evolução: histórica e cultural. Hoje em dia, a aventura humana não é diretamente ligada à evolução natural, pelo menos à escala do tempo histórico, mas, sim, a uma história cultural.

Essa especificidade decorre do fato de que a humanitude, isto é, o que é próprio do homem, foi criada pela espécie humana ao longo da sua história. Biologicamente, a espécie humana originou-se da evolução natural, mas a própria humanitude é produto da História e não da Natureza. Aliás, não se pode separar completamente evolução natural e história cultural, já que a organização coletiva e os instrumentos materiais e conceptuais que o homem elaborou contribuíram e ainda contribuem, de forma decisiva, para a sobrevivência biológica da espécie.

> Usamos essa palavra, copiada do francês (Sève, 1979), para distinguir a *humanidade* enquanto conjunto dos seres humanos, por um lado, e, por outro, a *humanitude*, enquanto característica específica da espécie humana.

A tese que estamos sustentando repousa sobre três argumentos, pelo menos.

Em primeiro lugar, convém prestar atenção ao fenômeno de neotenia. Este remete ao fato, observado em algumas espécies de répteis, insetos e batráquios, de que certas espécies se reproduzem quando os indivíduos ainda estão em estágio larvar. O indivíduo reproduz-se antes de chegar à forma adulta, procriando crias inacabadas, do ponto de vista da espécie de referência. De mesmo modo, a cria humana nasce inacabada, prematura e continua o seu desenvolvimento ao longo de muitos anos de infância.

A neotenia tem como consequência a plasticidade do ser que vem ao mundo: por nascer incompleto, o homem desenvolve-se sob formas culturais muito

> Usamos aspas porque, na verdade, o homem nunca se "termina", por nascer em um mundo cultural e não poder se apropriar de todo o patrimônio humano.

diferentes, conforme a época, o lugar e a sociedade em que ele vem à luz. A educação é o processo que "termina" um ser que nasce inacabado, prematuro. A educação é um triplo processo de humanização, pelo qual a cria da espécie humana se apropria da humanitude, de socialização e enculturação, que faz com que o ser humano entre em uma cultura, e de singularização e subjetivação, sendo cada um de nós um ser singular. Desse ponto de vista, o homem não é produto da natureza; é produto da educação.

Em segundo lugar, a tese aqui sustentada encontra respaldo no pensamento de Marx. Na VI Tese Sobre Feuerbach, Marx afirma que a essência humana é o conjunto das relações sociais (Marx, 1982; Sève, 1979; Charlot, 1979). Desenvolvendo a ideia, pode-se dizer que a essência do ser humano fica fora do indivíduo: a humanitude é o conjunto de tudo que foi criado pela espécie humana no decorrer da sua história. O filhote da espécie humana torna-se um ser humanizado apropriando-se duma parte do patrimônio humano. O homem, enquanto espécie, é construído pela sua história, e, enquanto indivíduo, pela sua educação.

Essa história da espécie humana é, antes de tudo, uma longa luta para sobreviver, o que implica o confronto coletivo com a Natureza, através do trabalho. O homem transforma a Natureza por seu trabalho e, ao fazê-lo, transforma, também, a si mesmo: esse processo é que Marx nomeia *práxis*. Sob outra forma, o homem não é produto da Natureza, é produto do *trabalho* sobre a Natureza: o materialismo de Marx é *dialético*. Assim, o homem constrói o seu mundo e a sua própria humanitude no decorrer da sua história: o materialismo de

Marx é *histórico*. Cabe ressaltar que não é apenas a ele mesmo que o homem, por sua práxis, constrói; é, ainda, o seu mundo: o que era natureza anterior ao homem passa a ser natureza transformada por ele, natureza humanizada. Produtos de uma longa história, não estamos vivendo em uma natureza original, mas em uma natureza que, pelo melhor ou pior, espelha a ação anterior do homem. Quando estamos passeando no campo, não estamos andando "na Natureza", mas em um mundo que foi modificado pelo homem, que tem a marca dele. Humanizada, a natureza atual traz a marca da razão e da loucura do ser humano. Ela tem o rosto do homem.

Por fim, em terceiro lugar, Vygotsky nos ajuda a entender que nosso "meio ambiente" não é "a Natureza", mas um *mundo*, um universo de significações. Ao longo da história, o homem não criou somente instrumentos materiais, mas, ainda, instrumentos conceptuais, palavras-significações (Vygotsky, 1987; Silva, 2004). Quando a criança nasce, não deve transformar a natureza para sobreviver, mas seduzir os homens que chegaram a este mundo antes dela, em particular a sua mãe. O recém-nascido não encontra "a Natureza", mas sinais e palavras, ou seja, o enigma da significação, do sentido. Deste ponto de vista, mesmo que seja associada a um crescimento biológico, a educação não é "desenvolvimento natural", mas, sim, apropriação de significados construídos pela espécie humana em uma longa história.

Decerto, ao falar da Natureza, a Ecologia levanta o problema da sobrevivência da espécie humana, das bases materiais necessárias para que esta e as demais espécies vivas possam sobreviver, e não negamos que seja preciso colocar essa questão. Queremos é destacar que Natureza e homem não são duas realidades exteriores uma à outra. Quando o homem se relaciona com a Natureza ou fala dela, ele relaciona-se, também, com ele mesmo, fala dele mesmo, do que ele herdou e do que ele irá legar às próximas gerações. A Natureza não é um objeto com o qual o homem se defronta; além de ser um conjunto de recursos para sua sobrevivência, ela é um conjunto de significados e de sentidos, conscientes e inconscientes. Longe de negar a questão ecológica, a nossa abordagem destaca a profunda solidariedade entre a espécie humana e uma natureza humanizada, tanto pela ação anterior do homem, quanto por a Natureza ser uma fonte de significados para o homem.

Nesses significados e sentidos é que iremos nos interessar na segunda parte deste texto.

2. A mãe boa, a mãe má, o pai: os significados associados à ideia de Natureza

Pretendemos, nesta parte, evidenciar que nosso entendimento, consciente e inconsciente, da Natureza é bastante ligado às imagos da mãe e às nossas representações das relações entre a mãe e o pai.

A Psicanálise chama de *imago* uma representação inconsciente e fantasmática dos personagens com quem temos as nossas primeiras relações, antes de tudo a mãe e o pai. Há uma imago da mãe boa e outra da mãe má, e essas imagos remetem à estruturação psíquica e não ao comportamento da mãe real. A mãe boa é aquela que nutre e dá colo; a mãe má é aquela que frustra. Uma vez que não podemos viver sempre sob o domínio do princípio de prazer, em particular ser alimentado e mimado já, cada um de nós tem uma imago de ambas as mães.

O que é a Natureza? Fala-se dela como se fosse uma mãe. É a terra nutriz, que alimenta, amamenta, protege, consola das malevolências dos homens. É mãe boa. Mas é, também, mãe que frustra, que nos recusa a chuva, que destrói as nossas plantações e que pode até se tornar perigosa. É mãe má. A Natureza é, ao mesmo tempo, aquela mãe maravilhosa que dá ao turista o mar, a praia, o sol e essa mãe impiedosa que, de repente, mata-o com um *tsunami*.

Não há mãe sem pai, pelo menos no inconsciente. Nele, o pai simboliza a Lei, que Lacan chama Nome-do-Pai, o progresso, a técnica (Lacan, 1998). O pai domina a mãe; ele agride a mãe boa; ele protege contra a mãe má. Encontram-se ecos dessas representações inconscientes no discurso ecológico. Nele, em geral, o progresso, a técnica (o pai) prejudica, danifica, estupra a Natureza, mãe boa, embora, às vezes, proteja contra as explosões de raiva da mãe má.

> Vale destacar que iguais representações são associadas à ideia de pátria.

> Trata-se de imagos e não dos personagens reais. Esse pai é definido por sua função e não por características singulares e reais. Quando não há pai na família, existe, apesar dessa ausência, uma representação inconsciente do pai.

Talvez se tenha dúvidas no que diz respeito a essas interpretações, apesar de estas serem baseadas em análises clínicas. Vamos, portanto, confirmá-las a partir da Literatura, usando citações propostas por Gerard Mendel no seu livro *La Révolte contre le père* (1968), em que ele analisa os eventos de 1968 como uma revolta contra a autoridade, a sociedade de consumo, a técnica, ou seja, contra o pai, em nome da defesa da mãe.

Começamos por uma citação de Jean-Jacques Rousseau, no livro *Les Confessions* (citado em Mendel, 1968, p. 87):

Oh Nature, Oh ma mère, me voici sous ta seule garde; il n'y a point ici d'homme adroit et fourbe qui s'interpose entre toi et moi.

As traduções das citações são nossas.

Oh Natureza, Oh minha mãe, eis-me aqui sob tua única proteção; não há aqui algum homem esperto e enganador que se interponha entre ti e mim.

Natureza, minha mãe, mãe boa, somos sozinhos, estás me protegendo e nenhum homem interpõe-se entre ti e mim: trata-se, claramente, de uma relação com a Natureza originada no esquema que a Psicanálise iria esclarecer um século e meio mais tarde.

Encontramos, ainda, essa Natureza boa mãe em um poema de Alfred de Vigny, grande poeta bastante estudado nas escolas francesas (citado em Mendel, 1968, p. 89-90):

Pars courageusement, laisse toutes les villes (...)
Les grands bois et les champs sont de vastes asiles (...)
La Nature t'attend dans un silence austère

Vai embora corajosamente, deixa todas as cidades (...)
As grandes florestas e os campos são abrigos vastos (...)
A Natureza espera-te num silêncio austero

Contudo, essa Natureza protetora muda de rosto alguns versos adiante:

Ne me laisse jamais seul avec la Nature,
Car je la connais trop pour n'en avoir pas peur (...)
On me dit une mère et je suis une tombe.

Nunca me deixa sozinho com a Natureza,
Pois a conheço demais para não ter medo dela (...)
Dizem que sou uma mãe, mas sou uma tumba.

Desta vez, aparece no poema a Natureza perigosa, mortífera, a mãe má.

Mãe boa e mãe má entram cedo no universo psíquico da criança, através das histórias que lhe contamos, sob forma da boa fada e da bruxa má, aquelas mulheres que se debruçam para o berço do recém-nascido, como faz a mãe, ou sob forma da madrasta malevolente. Pode-se mesmo pensar que essas imagos da fada, da bruxa, da madrasta não interferem na relação da criança com a Natureza e não incidem sobre o que o aluno entende do discurso da professora sobre o meio ambiente?

Essas imagos encontram-se, ainda, nos grandes sistemas religiosos. O Catolicismo é a religião do pai, sendo o chefe da sua Igreja um Papa, representante na Terra do Deus todo potente. Ela invoca duas imagens femininas. A primeira é a de Maria, isto é, a da mãe, mas uma mãe virgem, como são virgens muitas das mártires e santas. A mãe boa é pura; nunca se comprometeu com o pai; por seu lado, o padre (o pai) pronuncia voto de castidade. A outra imagem feminina é a de Maria Madalena, uma prostituta, a mãe má, mas uma prostituta que foi perdoada por Jesus, isto é, pelo Filho. Quer virgem, quer objeto de consumo, a mulher não existe como mulher legitimamente sexualizada. A religião católica repele a sexualidade como fato natural. Ela não é uma religião da Natureza, mas do Espírito, terceira pessoa da Santíssima Trindade. E, logo, só é legítima uma sexualidade santificada pelo sacramento do casamento. Quanto às mulheres que conhecem a Natureza e dela extraem plantas medicinais, são suspeitas de serem bruxas e, muitas vezes, acabam na fogueira.

Contra essa religião do distanciamento para com a Natureza, desenvolvem-se correntes religiosas que, sob forma evangélica, pentecostalista ou budista, reabilitam uma relação fusional com a divindade, sendo a fusão a primeira forma de relacionamento entre a criança e sua mãe.

Pelo contrário, o candomblé é uma religião da Natureza. Seus orixás personificam forças da Natureza. Iemanjá é a mãe boa, que rege os lares, gere o amor, dá sentido, coesão e personalidade ao grupo formado por pai, mãe e filhos; é, assim, a orixá da educação. Iansã não é mesmo a mãe má, apesar de ter muitas características desta; a sua figura remete, ao mesmo tempo, a esta e a do pai. Iansã é a orixá da paixão, da raiva, do fogo, dos raios, dos ciclones, dos furacões e dos vendavais. Ela é o vento, o calor, o abafamento, o incêndio, mas é, também, a brisa que alivia o calor, o tremular dos panos, das árvores, dos cabelos. Ela relaciona-se com todos os elementos da Natureza e foi ela quem espalhou as plantas medicinais (como as "bruxas"...). Guerreira e poderosa, ela é senhora dos cemitérios, mas, igualmente, guia dos espíritos desencarnados. Ademais, é sedutora: seduziu muitos orixás, ainda que não tenha atraído Obaluaiê. Iansã é uma figura feminina muito mais complexa que a dupla Maria-Maria Madalena, e aquela figura remete a uma relação muito mais profunda com a Natureza. Quanto ao filho, ele também aparece sob forma diferente da que apresenta a religião católica. Com efeito, cada orixá tem duas formas: uma jovem, outra adulta. Será que a convivência com os orixás não interfere na relação do aluno baiano afrodescendente com a Natureza?

Ver:
http://www.mulhernatural.
hpg.ig.com.br/
trablux/iansa.htm

Será que a Educação Ambiental não deve levar em consideração, pelo menos no Brasil, e talvez em outros lugares, essa interessante Filosofia da Natureza que embasa o Candomblé?

Por fim, além da Literatura e da Religião, cabe destacar que nossa época, a do chamado "pós--modernismo", leva de volta formas de irracionalismo.

> Por nossa parte, preferimos falar de Segunda Modernidade, por não aceitarmos a ideia pós-moderna de esgotamento do progresso e suas tendências irracionalistas.

Não é por acaso que grandes sucessos literários contemporâneos são os livros sobre Harry Potter, os devaneios de Paulo Coelho sobre alquimia e magos e *O Código Da Vinci*. Esses livros são interessantes, pelo menos às vezes, e fascinantes, precisamente porque encenam imagos profundas. Mas consideramos que a Educação Ambiental não deve ser mais uma forma do irracionalismo contemporâneo. Deve, pelo contrário, desenvolver uma relação racional e crítica com o meio ambiente, o futuro da espécie humana, a chamada "natureza" (sem maiúscula...).

Senão, corremos o risco de levar jovens a relações com a natureza que expressam o que há de pior no irracionalismo, quer nas seitas, quer no nazismo. Não se deve esquecer, com efeito, que este repousa em um irracionalismo em que a ideia de natureza cumpre uma função essencial. "A natureza eterna se vinga impiedosamente quando se transgridem seus mandamentos", escreve Hitler em *Mein Kampf* (*Meu Combate*) (citado em Mendel, 1968, p. 244). O nazismo é uma aliança com a mãe má, natureza impiedosa. Hitler pretende resgatar uma mãe original e pura, a raça, que foi poluída por um pai que usurpou o poder social, isto é, no delírio nazista, pelo judeu. Contra este pai, o filho, isto é, o nazista, mobiliza sua força

> Trata-se, claro está, de uma análise das ideias nazistas com que, evidentemente, não compartilhamos.

juvenil, sua brutalidade natural (a mãe má) para vingar a mãe maculada e ocupar legitimamente o lugar do pai. Nem sempre os adeptos da Natureza são *hippies* apregoando o amor universal. Podem ser, também, ideólogos da conquista, da força, da raça pura, instrumentos da mãe má e vingativa.

3. O tema da Natureza no pensamento pedagógico

A Natureza não é apenas um tema de ensino; é, ainda, uma referência fundamental do pensamento pedagógico, quer na Pedagogia "tradicional", quer na Pedagogia "ativa".

A Pedagogia tradicional, aquela que foi construída historicamente e não essa coisa nunca definida que, hoje em dia, o discurso pedagogicamente correto deve condenar, é, fundamentalmente, uma pedagogia contra a natureza. Não serve para nada reclamar do mestre, dizendo-lhe que suas práticas contradizem a natureza da criança. Se estiver informado e consequente, responderá que é precisamente por contrariarem a natureza da criança que essas práticas têm um valor educativo. A Pedagogia tradicional considera a criança um ser selvagem, cujo comportamento é instável e dominado pelas emoções, pelos desejos. A educação deve substituir essas inclinações da natureza pela regra, que supre a Razão, que a criança ainda não desenvolveu. A Pedagogia tradicional é uma pedagogia da disciplina, nos dois sentidos desta palavra "disciplina". A disciplina é obediência à regra, mas chama-se, igualmente, de disciplina um conjunto de saberes (Física, História etc.). Ensina-se uma disciplina não apenas para transmitir conhecimento, mas, igualmente, para instituir a Razão na criança.

Essa concepção da educação já se encontra na Antiguidade, em particular em Platão, mas é nos séculos XVI e XVII que se constitui de forma coerente, com base no pensamento cristão, uma filosofia da pedagogia tradicional. A criança nasce do ato sexual, isto é, do pecado original e, por isso, sua natureza é corrupta; o diabo ataca as crianças e elas não o combatem, dizem os pedagogos de Port-Royal (Snyders, 1965; Charlot, 1979). Contudo, por outro lado, Jesus, o Salvador, o Redentor, possibilitou aos homens escaparem do estado de pecado. Essa possibilidade é maior na criança, mais fácil de ser educada do que os adultos. O Homem deve ser educado, porque nasceu do pecado e pode sê-lo, porque foi salvo por Jesus. A criança é o ser humano, ao mesmo tempo, mais próximo ao pecado e mais suscetível de ser salvo, graças à educação. Portanto, esta é, antes de tudo, um combate contra a natureza corrupta da criança.

Essa concepção da natureza infantil como selvagem e instável permanece até quando o pensamento pedagógico se livra das suas referências cristãs. Assim, Kant, próximo ao Iluminismo, escreve:

> *O estado selvagem é a independência com relação às leis. A disciplina submete o homem às leis da humanidade e começa a fazê-lo sentir a pressão das leis. Mas isso deve ter lugar cedo. É assim, por exemplo, que se enviam logo de início as crianças à escola, não*

com a intenção de que lá aprendam alguma coisa, mas a fim de que se habituem a permanecerem tranquilamente sentadas e a observar precisamente o que se lhes ordena, de modo que, por conseguinte, possam não colocar real e imediatamente suas ideias em execução (citado em Charlot, 1979, p. 73).

Não é de se admirar que sociedades da austeridade, em que não é possível satisfazer todos os desejos, tenham desenvolvido uma pedagogia do domínio do desejo pela Razão. No fim do século XVIII, contudo, chega ao poder a burguesia, cuja relação com o desejo, a natureza, a infância é muito diferente. Permanece dominante a pedagogia tradicional, mas aparece uma nova corrente, valorizando a infância e a natureza da criança. Enquanto a aristocracia é voltada para o passado, tempo dos ascendentes que legitimam a sua posição social, a burguesia olha para o futuro, tempo da acumulação de riqueza. Em ambos os casos, o filho representa um risco: o de sujar o nome da família nobre ou o de desperdiçar o capital acumulado pela família burguesa. Ao disciplinar o desejo, a pedagogia tradicional protege contra ambos os riscos e, portanto, permanece a forma dominante de educar as crianças. Todavia, a situação da burguesia é diferente daquela da aristocracia: o filho representa, também, uma promessa de acréscimo da fortuna; o consumo, que lhe é necessário, requer o desejo; a natureza pode ser explorada como fonte de riqueza. Ademais, enquanto a aristocracia, a cada geração, há de sacrificar os demais filhos em proveito do mais velho, herdeiro do nome, a burguesia pode apostar em cada um deles. Assim, nasce outra forma de família, lugar de intimidade onde os espaços público e privado são distintos, pequeno grupo afetivo e econômico no qual cada filho tem valor (Ariès, 1981). A criança deixa de ser símbolo da corrupção da natureza humana e torna-se aposta no futuro.

Na história da pedagogia, o nome associado a essa mudança é o de Rousseau. Este não disse que a natureza é boa, ao contrário do que se afirma muitas vezes. Quem apresentou a natureza assim foi Bernardin de Saint-Pierre, em *Paulo e Virgínia* (1986). Para Rousseau, apesar de alguns devaneios pré-românticos, a natureza não é boa nem ruim, o que, em si, já constitui uma ruptura com as representações anteriores. O problema fundamental de Rousseau é político (Rousseau, 1995, 2006). Ele explica que, pela educação do seu tempo, criam-se jovens acostumados a obedecer à vontade alheia cujas ordens lhes aparecem arbitrárias; depois de obedecerem aos pais, sujeitar-se-ão à vontade do tirano. O futuro cidadão do contrato social não pode ser educado assim, como um escravo. Se fosse possível não fazer nada antes de a criança chegar à idade de Razão, o que Rousseau chama de "educação negativa", seria a melhor opção. Contudo, não se pode deixar a criança sozinha. Mas o preceptor de Emílio, cuja educação Rousseau imagina, não lhe dará ordens: organizará o seu espaço e acompanhá-lo-á para que Emílio se defronte, não com a vontade alheia, mas com a força das coisas. Decerto, isso leva Emílio a crescer seguindo os impulsos da sua própria natureza, até ser capaz de obedecer à sua Razão, mas esta natureza, longe de ser uma guia infalível, esbarra na força das coisas (Rousseau, 1995).

Essa ruptura com a representação tradicional da natureza corrupta da criança originou duas correntes de pedagogia "nova", "ativa", em cujos núcleos permanece a ideia de natureza.

Uma dessas correntes, que tende para uma pedagogia afetiva e não diretiva, embasa-se na ideia de que, por natureza, a criança é boa, inocente, criadora (Charlot, 1979). Desta vez, é o adulto que, implícita ou explicitamente, é considerado corrompido. Um dos efeitos desse discurso, no Brasil contemporâneo, é a ideia de que, quando se é professora, deve-se "amar os alunos". Como se todas as crianças fossem anjinhos e fofinhas... Como se a situação pedagógica fosse a da mãe boa mimando o filho dos seus sonhos. Na verdade, criança é sujeito humano, pelo melhor e pelo pior. Muitas vezes, sua ingenuidade é simpática, mas há, também, crianças brutais, racistas ou, simplesmente, insuportáveis. Os pais devem amar suas crianças, o que nem sempre é fácil. Os docentes devem instruir, educar e respeitar as crianças, não por essas serem maravilhas da Natureza, mas porque a educação é um direito antropológico de cada ser humano: quem chega à luz inacabado, em um mundo humano, tem, por sua própria condição, o direito inalienável de ser educado pelos homens que o precederam (Charlot, 2005). Decerto, é preciso que o docente sinta certa simpatia antropológica para com as gerações novas, mas essa é uma condição de eficácia e de boa convivência, não pode ser um fundamento do ensino.

Outra corrente sustenta que a educação deve respeitar o "desenvolvimento da criança". Essa ideia possibilitou a Psicologia da criança, em particular a de

Piaget (2008). Não se deve pensar que é essa Psicologia que mudou a nova representação da criança. Pelo contrário, é o olhar novo sobre a criança que permitiu a construção de uma "Psicologia científica": quando se acha que a criança é selvagem, não se pode estudá-la de forma científica, uma vez que a selvageria não tem regularidade, lei, estrutura; quando se considera a infância como um processo de amadurecimento, torna-se possível estudar cientificamente os estágios do "desenvolvimento da criança" (Charlot, 1979). Mas nem por isso desaparece a ideologia que permeia as teorias, por científicas que sejam, quando usam a noção de natureza.

Assim, Claparède, fundador da "psicologia experimental" e mestre de Piaget, pretende, em 1909, fundar cientificamente a inferioridade intelectual das mulheres (Claparède, 1956). Quanto mais longa a infância de uma espécie, explica ele, mais ela se desenvolve intelectualmente; é por isso que, ao mesmo tempo, a espécie humana tem um longo período de infância e é mais inteligente do que as demais espécies. Ora, as mulheres entram na adolescência mais cedo do que os homens e, portanto, a sua infância é mais curta do que a dos homens. Conclusão lógica: as mulheres são menos inteligentes do que os homens...

Outro exemplo interessante é o de Adolphe Ferrière, fundador do Bureau International d'Éducation Nouvelle (1899) e um dos fundadores da Ligue Internationale pour l'Éducation Nouvelle (1921) e, portanto, homem sério, internacionalmente reconhecido. No seu livro *A escola ativa*, publicado em 1920, ele apresenta uma tabela que estabelece uma correspondência entre evolução da humanidade, evolução do indivíduo e tipo de individualidade, sendo essas três expressões da Natureza. Embaixo, encontram-se os caçadores primitivos isolados, que correspondem à idade de zero a dois anos e ao tipo humano sensorial, vegetativo e tátil dos selvagens. A seguir, vêm os caçadores associados em tribos, a idade de dois a quatro anos e o tipo sensorial muscular do operário não especializado da indústria. Em alguns escalões mais altos, apresentam-se professores e educadores, de tipo intuitivo puro, com tendência ao individualismo e a uma relativa anarquia, relacionados com os construtores dos tempos modernos e à idade de catorze a dezesseis anos, época da puberdade. Acima da hierarquia, aparecem os cientistas, que correspondem à idade de vinte a vinte e dois anos e ao tipo racional e defensor de uma liberdade refletida (Ferrière, 1965; Charlot, 1979). Índios e operários não especializados são crianças de dois a quatro anos e o tipo mais evoluído de humanidade é o cientista, ou seja, Ferrière ele mesmo. Esse é o veredicto da Natureza... Pode-se sorrir ao ler isso, resta que o livro foi considerado sério e internacionalmente divulgado no início do século XX.

Quando se fala da Natureza, sobretudo com uma maiúscula, sempre se fala de muitas coisas além do meio ambiente. Fala-se da mãe, do pai, do desejo e da frustração, da vida, do futuro, da hierarquia entre espécies e entre os próprios seres humanos, de política etc. E, quando se fala a crianças da Natureza, a situação é ainda mais complexa, uma vez que essa ideia de Natureza permeia nossas concepções do que é uma criança. O risco é que a mãe boa ensine a Natureza virgem a crianças ideais. A Educação Ambiental contribui para a formação de um espírito crítico e de um indivíduo solidário com os demais seres humanos, as demais espécies vivas e o planeta Terra quando, ao mesmo tempo, ensina conteúdos científicos a respeito da relação do homem com o seu meio ambiente e dá a refletir sobre a profundeza, a complexidade e as ambiguidades dessa relação.

Hoje em dia, é moda criticar o "Positivismo". Auguste Comte definiu uma lei dos três estados da Ciência: teológico, com explicações religiosas; metafísico, com intervenção de forças misteriosas; positivo, com observação de fatos e elaboração de relações entre eles, sob forma de leis (Comte, 1996). Não há dúvida de que se deve ultrapassar uma concepção ingênua dos fatos, como bem o sabe a Ciência moderna que, por ser nada positivista, levanta permanentemente a questão das condições de observação dos fenômenos. Mas, hoje em dia, no discurso sobre a Ciência ou o Progresso, observam-se tentativas de regresso à idade metafísica ou até teológica, mais do que ultrapassagem de um positivismo ingênuo. Ao entalar-se, às vezes, em discursos sobre "a Natureza", a corrente ecológica participa desse regresso. Ao explicitar as ambiguidades da relação do ser humano com o seu meio ambiente, a Educação Ambiental pode, e deve, contribuir para uma abordagem crítica da questão ecológica.

Capítulo **VIII**

Educação para a Cidadania à época da globalização: moralização do povo ou aspiração de novos valores?

Educação para a Cidadania à época da globalização: moralização do povo ou aspiração de novos valores?

Publicado em: NEVES, Paulo S. C. (Org.). *Educação e cidadania*: questões contemporâneas. São Paulo: Cortez Editora, 2009.

O debate sobre a Educação tem seus tempos – e suas modas. Os temas aparecem, ocupam o palco, minguam, somem, às vezes ressurgem, de acordo com lógicas cuja pertinência é mais social do que científica. Para onde foram a não diretividade pedagógica e a "sociedade sem escola", temas prediletos de debates calorosos na década de 70 do século XX? Quanto à autogestão pedagógica, ela saiu da pauta da extrema esquerda para renascer como autonomia dos estabelecimentos escolares e até como management *eficaz destes, na lógica neoliberal – enquanto os militantes da autogestão passavam a defender, contra o liberalismo educacional, o poder do Estado. De mesmo modo, hoje, fala-se menos de fracasso escolar e de igualdade das oportunidades e mais de qualidade da escola e de sociedade do saber.*

Os debates em torno da educação focalizam objetos sociomidiáticos, isto é, questões que comovem a sociedade e são encenadas pela mídia (Charlot, 2000).

Muitas vezes, os pesquisadores apoderam-se desses objetos, tanto mais que as verbas para pesquisar, os espaços para publicar, certa fama social acompanham o interesse público para eles. Até lá, não há nada a dizer, já que não se pode incriminar o pesquisador por trabalhar questões socialmente sensíveis, bem pelo contrário. Surge o problema quando o próprio pesquisador adota o objeto sociomidiático como se este fosse científico, em vez de reformular as questões com um espírito crítico. Face a tal objeto, a honestidade científica consiste em apresentar um projeto de pesquisa valorizando as palavras mágicas que trazem verbas e, obtido o dinheiro, utilizá-lo para realizar investigações científicas cujos resultados possibilitam deslocar o próprio tema do debate.

"Cidadania" é, hoje, um dos principais objetos sociomidiáticos que permeiam os discursos sobre a escola. Por que, hoje, tanto se fala de cidadania? Por que um antigo tema, que tinha sumido dos discursos, até dos mais formais, voltou como estrela no palco educacional?

1. Por que, hoje, tanto se fala de cidadania? Argumentos, dúvidas, suspeitas

Não é à toa que uma palavra se impõe no debate público; ela expressa uma preocupação social, um problema. Para identificar este, um método consiste em reparar os demais objetos sociomidiáticos que emergem na mesma época. Entre as palavras que os discursos atuais sobre educação usam até à exaustão, encontram-se, além de "cidadania": "exclusão/inclusão" e "violência". São palavras que remetem à questão do vínculo social. Robert Castel, no seu livro *As metamorfoses da questão social*, recusa a noção de "exclusão" e propõe a de "afiliação". Ninguém fica fora da sociedade, "excluído" de modo absoluto, explica ele, mas certas pessoas ocupam posições cujas relações com o centro são mais ou menos distensas: trabalhadores desempregados, jovens que não conseguem emprego, indivíduos que pouco frequentaram a escola etc. Sua marginalização decorre de processos sofridos, também, por pessoas que ainda não foram marginalizadas, mas correm o risco de sê-lo. Para ser afiliado a nossa sociedade, o processo básico é a integração no trabalho. É possível sentir-se afiliado, ainda, quando se pertence a redes de sociabilidade sociofamiliar. Portanto, não há duas posições: inclusão/exclusão, *in/out*, centro/margem, mas, como se percebe ao combinar os dois processos de afiliação, quatro espaços de sociabilidade:

- a zona da integração, com trabalho e vínculos relacionais sólidos;
- a zona das vulnerabilidades, com trabalho precário e fraqueza relacional;
- a zona da desafiliação, com ausência de trabalho e isolamento social; a palavra "exclusão" remete a essa desafiliação, de modo pouco rigoroso;
- a zona da assistência, com impossibilidade de trabalhar, mas com inserção social forte (Castel, 1998).

A questão da afiliação/desafiliação constitui um problema fundamental de nossa sociedade. Esta sente o risco de distensão dos vínculos sociais, o que a leva a destacar o problema da violência e a falar de "exclusão" e, como remédio, de "cidadania". Resta saber se esta palavra é mais pertinente do que aquela.

Os discursos que apelam para a cidadania repousam sobre a convicção de que a escola é o lugar para resolver o problema de afrouxamento dos vínculos sociais. Tal convicção remete a um processo geral: cada vez que um problema desponta, qualquer que seja ele, a opinião pública – e os jornalistas e políticos que, ao mesmo tempo, a expressam e orientam o seu olhar – volta-se para a escola, por esta ser o lugar onde se encontra a juventude e, portanto, onde pode ser resolvido o problema, a médio prazo. Contudo, essa esperança torna-se mais forte ainda quando se trata do vínculo social. Com efeito, a escola, além de ter uma missão educativa, é o primeiro espaço público e institucional onde uma criança encontra os demais membros da sociedade, sejam eles outras crianças ou adultos cumprindo funções oficiais. É um espaço onde o jovem há de conviver com os seus pares, a ele iguais, pelo menos em princípio. Logo, a escola é considerada o melhor lugar para aprender "a cidadania".

Essa ideia é bastante simpática. Entretanto, de imediato surgem dúvidas e suspeitas, a respeito da função social do discurso sobre a cidadania e do funcionamento real da escola na sociedade contemporânea.

Em primeiro lugar, fala-se de educação para a cidadania, sobretudo, quando se trata das escolas para os pobres. Na França, o tema permeia as reflexões sobre as "zonas de educação prioritárias". No Brasil, ele faz sucesso quando se consideram as escolas públicas dos bairros pobres. Pouco se fala de educação para a cidadania nas escolas particulares brasileiras voltadas para a aprovação dos filhos da classe média no vestibular. Portanto, nasce a suspeita de que esse discurso cumpre a função que Erving Goffman nomeava "cooling the mark out", ou seja, em francês, "calmer le jobard" ou, em uma tentativa de tradução para o português, "apaziguar o tolo" (Goffman, 1952). Depois de "enrolar" a sua vítima, o estelionatário deve acalmá-la, para que ela não cause transtornos que o prejudiquem: ele apazigua o tolo. De mesmo modo, pode-se avançar a hipótese de que "a educação para a cidadania" tenha hoje, de fato, a função social de apagar as veleidades de revolta dos pobres, convidados a desistirem da violência e a se tornarem cidadãos respeitosos da pessoa e da propriedade dos demais. Dito de outra forma: de qual "cidadania" se trata quando se fala de educação para a cidadania?

Em segundo lugar, podemos ter dúvidas quanto à possibilidade de produzir vínculos sociais e cidadania em uma escola que isola os indivíduos e não respeita os princípios básicos do Direito em suas relações com os alunos.

A escola é um lugar onde um professor isolado e pouco investido em um trabalho pedagógico coletivo ensina a alunos que estudam sozinhos, são avaliados individualmente e são considerados com desconfiança quando colaboram para realizar as suas tarefas. É difícil imaginar uma estrutura menos propícia à aprendizagem da solidariedade e do interesse comum e, portanto, à da cidadania, do que a escola, pelo menos a escola na sua forma atual.

Mais ainda: a escola não respeita os Direitos do Homem e do Cidadão. Segundo estes, ninguém pode ser ao mesmo tempo juiz e parte em um litígio. Ora, quem presta justiça quando professor e aluno brigam? É o professor, parte no conflito. De mesmo modo, é norma fundamental do Direito que ninguém deve ser condenado sem ser ouvido e que o acusado tem sempre o direito de ser defendido por um advogado. Será que essa norma vigora na escola?

Não pretendemos, de forma alguma, incriminar os professores. Apenas observamos que a escola, a despeito dos sentimentos democráticos dos professores e do princípio constitucional de "gestão democrática", não é um espaço de cidadania. Poder-se-ia objetar que a escola lida com crianças e que sua missão é formar para a cidadania jovens que, justamente, ainda não são cidadãos e não podem ser tratados como se já o fossem. Pode ser... Mas pode aprender a cidadania quem estuda em um lugar onde não vigoram os princípios da cidadania?

Qual forma de escola pode educar para a cidadania? E para qual cidadania? Ainda faz sentido, na sociedade contemporânea em processo de globalização, pretender educar para a cidadania? Ou trata-se, no melhor dos casos, de um pedido ingênuo que ultrapassa as possibilidades da escola ou, no pior, de uma nuvem de fumo cuja função ideológica é mascarar a intenção de "apaziguar o tolo"?

Para decidir o assunto, convém resgatar o sentido histórico do conceito de cidadania e entender por que esse tema nasceu à época do Estado Educador, sumiu no Estado Desenvolvimentista e voltou no Estado Regulador.

2. Educação e Cidadania no Estado Educador

Historicamente, já aconteceu que o Estado cuidasse de educação sem, por isso, preocupar-se com a "nação" ou "a cidadania". Assim, o rei francês Luís XIV, que asseverava: "O Estado sou Eu", promulgou em 1698 um edito mandando que fosse criada uma escola em cada paróquia do reino. Não pretendia educar para a cidadania, mas firmar a religião católica e, logo, a ordem pública.

Ocorreu, ainda, que o Estado atente na educação por pensar na Cidade ou na Nação, sem, no entanto, refletir em termos de "cidadania". Esta não era a preocupação do Estado prussiano quando, nos meados do século XIX, tomou apoio na educação para forjar a nação alemã. Quando Platão definiu formas diferentes de educação para as três classes da Cidade, pensava na potência desta e não na cidadania dos seus membros, pelo menos no sentido moderno da palavra "cidadania". De forma mais geral, por séculos, o vínculo social, ou seja, a participação em grupos humanos (tribo, comunidade, sociedade...) fundamentou-se no que Durkheim chama "solidariedade mecânica" ou "solidariedade por semelhanças". "Há uma coesão social cuja causa reside em certa conformidade de todas as consciências particulares com um tipo comum, que é o tipo psíquico da sociedade" (Durkheim, 1967-1893, p. 73). Este tipo é "um conjunto mais ou menos organizado de crenças e de sentimentos comuns a todos os membros da sociedade" (p. 99). A solidariedade mecânica é a forma dominante de vínculo social nas sociedades em que a divisão do trabalho não foi muito desenvolvida.

> Tradução nossa do texto francês, com base na edição francesa do livro. Primeira edição: 1893. De modo geral, quando citamos a versão francesa de uma obra, somos nós que traduzimos.

Nessas sociedades, a educação deve, antes de tudo, transmitir os valores e as representações que as alicerçam. Quanto mais comunitária uma sociedade, mais importância ela confere à consciência coletiva e, portanto, mais ela valoriza a função de transmissão de valores pela escola. É a essa função que visam muitos discursos atuais sobre a cidadania. Mas não se deve confundir essa socialização por transmissão de crenças, sentimentos, representações e valores com a cidadania.

Outra é a raiz da noção de cidadania, nascida do Iluminismo e da Revolução Francesa e ligada a um projeto de universalização da instrução e da educação. Nesta configuração político-educacional específica, o objetivo não é apenas juntar os *membros da sociedade* em torno de representações coletivas, é, sobretudo, formar *cidadãos*. Esta foi a ambição da III República Francesa, no último quarto do século XIX: Cidadania e Instrução, estreitamente associadas, foram consideradas os fundamentos da República.

> No mesmo ano, foram publicados, e condenados, *Emílio* e *Do Contrato Social*, de Rousseau.

Na França, essa configuração começou a ser construída com a expulsão dos jesuítas (1762) e o apelo para uma educação nacional, em particular no livro de La Chalotais, *Essai d'éducation nationale*: "Toda nação tem um direito inalienável e imprescritível de instruir os seus membros; porque as crianças do Estado devem ser criadas por membros do Estado" (La Chalotais, 1763). A Revolução Francesa, o Império napoleônico e a III República implementaram, sob várias formas, essa escola para "as crianças do Estado". A escola gratuita, obrigatória e laica foi institucionalizada entre 1881 e 1886 por Jules Ferry, o grande ministro francês da Instrução Pública.

Essa configuração, por francesa que seja, inspirou outros países, em particular países da América Latina influenciados pelos ideais iluministas. Já em 1877, no Uruguai, José Pedro Varela instaurou a escola pública, gratuita e obrigatória e limitou o ensino religioso. Na Argentina, em 1884, no prolongamento da ação precursora de Domingo Faustino Sarmiento, foi promulgada uma lei estabelecendo a educação universal, obrigatória, gratuita e laica. No Brasil, Anísio Teixeira, Fernando de Azevedo e os Pioneiros da Educação Nova (1932) tendiam, eles também, para o Estado Educador.

Essa configuração político-educacional fundamenta-se na definição do contrato social e da vontade geral por Jean-Jacques Rousseau. O contrato implícito pelo qual um povo se institui como tal expressa-se na seguinte fórmula: "Cada um de nós coloca em comum a sua pessoa e toda sua potência sob a suprema direção da vontade geral" (Rousseau, 1963-1762, p. 68). O cidadão é quem se submete à vontade geral sem, por isso, alienar sua liberdade, e, ao fazê-lo, ele obedece, na verdade, a si mesmo. Para entender esse pacto social, é preciso distinguir a "vontade geral" e "a vontade de todos": "Há muitas vezes uma grande diferença entre vontade de todos e vontade geral; esta só considera o interesse comum; aquela considera o interesse privado, e não passa de uma soma das vontades particulares: mas tire destas mesmas vontades os mais e os menos que se compensam, resta como soma a vontade geral" (p. 82).

> Merece destaque o argumento matemático aqui utilizado por Rousseau, argumento esse que se origina no Cálculo diferencial e integral concebido, independentemente, por Leibniz e Newton, poucas décadas antes de Rousseau escrever as suas obras.

O interesse geral não é a soma dos interesses particulares: essa é a chave da noção de cidadania. Um exemplo simples possibilita entender essa diferença: ninguém gosta de pagar impostos e, portanto, a soma dos interesses particulares incita a abolir a Receita Federal; acabar com os impostos, porém, impossibilita as estradas, as escolas, os hospitais públicos etc., o que não quer a vontade geral. Pode-se manter o vínculo social negociando-se um ponto de equilíbrio entre os interesses particulares, que sempre são conflituosos. Mas essa negociação nada tem a ver com a cidadania, que não remete a um acordo entre os interesses particulares, mas à determinação do interesse geral. "Vínculo" é um conceito sociológico; "cidadania", um conceito político.

Deste decorrem várias consequências. Entre elas, três merecem um destaque especial quando é levantada a questão da educação.

Em primeiro lugar, os conceitos de cidadania e vontade geral levam à ideia de que não há nada acima do povo. A vontade geral é soberana, inalienável e indivisível. Em outras palavras, relacionadas com os debates contemporâneos, é a decisão política fundada no interesse geral que deve determinar o rumo de um país; não pode ser "a lei do mercado" ou uma "governação" compartilhada por instituições públicas, representantes da sociedade local e grandes empresas. O conceito de cidadania implica a preeminência da *res publica*, ou seja, da coisa pública. Só existe cidadania em uma República, no pleno sentido desta palavra, isto é, em um regime político voltado para o interesse geral. Essa situação é muito diferente daquela em que vigoram apenas a conciliação dos interesses particulares, a convivência pacífica entre os membros da sociedade, crenças e representações coletivas.

Em segundo lugar, o conceito de cidadania remete aos indivíduos e não contempla as diferenças comunitárias.

Quando cada cidadão opina de acordo com a sua opinião, "os mais e menos" se compensam e a vontade geral emerge da deliberação, ou seja, do sufrágio universal. "Mas quando se constituem brigas, associações parciais em detrimento da grande, a vontade de cada uma dessas associações torna-se geral em relação a seus membros, e particular em relação ao Estado" (Rousseau, 1963-1762, p. 84). No escalão político, a República não reconhece comunidade alguma e não mexe com as diferenças.

Por fim, deste último ponto decorre a exigência de laicidade. Esta é geralmente interpretada em referência à questão religiosa. Decerto, a ideia de educação nacional nasceu contra a influência da Igreja, isto é, do Papa e dos jesuítas, mas a laicidade não se opõe à própria religião. Ademais, e sobretudo, a questão religiosa não passa de um ponto específico em um assunto mais geral. O princípio básico é o seguinte: em uma República norteada pelas ideias de cidadania e de vontade geral, a diferença não há e não pode ter legitimidade alguma na esfera pública, seja qual for a sua natureza. Ora, para a República, a religião não passa de uma diferença entre outras. A disputa em torno da laicidade não é um confronto entre quem defende a religião e quem a combate, mas, sim, entre quem vê na religião um interesse particular e quem a considera expressão de um Absoluto que se impõe a todos, inclusive ao Estado. Cabe ressaltar que, na República, é o mesmo princípio que fundamenta a laicidade e a liberdade religiosa: religião é interesse particular e, portanto, o Estado não deve se preocupar com ela, nem positiva nem negativamente.

Para que funcione a República dos cidadãos, a educação e a escola são essenciais: o cidadão que delibera deve ser "informado" (Rousseau, 1963-1762, p. 83). Não foi à toa que Rousseau se interessou pela educação. No *Emílio*, ele defende a ideia de "educação negativa": até que Emílio atinja a idade de Razão, o melhor é não fazer nada e deixá-lo sofrer as consequências naturais de seus atos. "Mantenha a criança na única dependência das coisas" (Rousseau, 1958--1762, L. II-XX). A criança não pode entender as razões do adulto: "a infância é o sono da razão" (L. II-XXVI). Portanto, não se deve raciocinar com ela. O adulto dará à sua decisão a força das coisas e, sobretudo, não entrará em relações de exigir, seduzir etc., o que seria construir na criança o espírito de submissão à tirania e à opressão. É preciso educar o futuro cidadão segundo as leis da Natureza e, a seguir, as da Razão e não pelas exigências da vontade alheia.

Rousseau não confere adjetivo algum à Natureza: ela não é boa nem ruim; é Natureza, anterior à Razão e à Moral. No entanto, a noção de Natureza é ambígua nas obras de Rousseau e, às vezes, pode ser interpretada como Natureza Boa, em oposição à Natureza Corrupta, atribuída à criança pela Pedagogia tradicional dos séculos XVI e XVII (Charlot, 1979). Essa interpretação sustentou uma tradição pedagógica rousseauísta, em que se misturaram valorização da comunidade, educação pela cooperação, convicção ecologista e formas de socialismo utópico. Nesta pedagogia, a cidadania é confundida com a comunhão fusional entre membros da comunidade.

Quem tirou as consequências educacionais profundas da ideia de cidadania não foi Rousseau: foi Condorcet. À reflexão de Rousseau sobre a Vontade, ele acrescenta as exigências da Razão (Kintzler, 1984). Para ser legítima, não basta que uma decisão expresse a vontade geral; ela deve, ainda, exprimir a verdade. Ora, quando os cidadãos são ignorantes, a vontade geral erra. Por conseguinte, é preciso instruí-los e, para tanto, providenciar escolas; estas devem ser públicas, já que se trata da *res pública*.

Em síntese, "cidadania" é um conceito *político*, pertinente em uma sociedade que se pensa em referência a fundamentos *políticos*. Ela não se define por representações coletivas e comportamentos comuns aos membros da sociedade, embora não os exclua. Ela não tem sentido algum em uma sociedade considerada como ajuntamento de comunidades e, portanto, tampouco se confunde com o respeito às diferenças; a república dos cidadãos protege a diferença no mundo dos interesses particulares, mas lhe recusa qualquer legitimidade que seja na esfera pública. A cidadania é definida pelo respeito ao interesse geral, determinado pelo sufrágio do povo, sendo este esclarecido pela razão. Portanto, a cidadania requer a instrução do povo, em escolas públicas.

Será que esse conceito de cidadania e a escola a ele ligada ainda faz sentido na sociedade globalizada atual?

3. Educação e vínculo social nos Estados Educador, Desenvolvimentista e Regulador

Rousseau, Condorcet e, de forma geral, o Estado Educador, excluem os interesses particulares do campo político-educacional definido pela tríade República-Cidadania-Escola pública. Ao fazer isso, eles protegem este campo contra a corrupção por aqueles interesses, mas, também, deixam a questão socioeconômica fora das preocupações da República e da sua escola. "O pobre não precisa de educação; a de sua condição é forçada; ele não poderia ter outra", escreve Rousseau no *Emílio* (L. I-IX). La Chalotais, o idealizador da "educação nacional", considerava que os conhecimentos do povo "não devem ultrapassar suas ocupações" (1763). Dito de outra forma, a escola do Estado Educador junta igualdade política e desigualdade socioeconômica, o que é possível quando se distinguem interesse geral e soma dos interesses particulares.

A realidade da escola pública institucionalizada pela III República Francesa confirma essa discrepância entre um discurso político igualitário e universalista, o da "cidadania", e relações sociais desiguais, hierarquizadas, às vezes claramente opressivas. Princípio republicano: cada criança tem o direito e a obrigação de ser instruída. Realidade social: essa instrução varia de acordo com a condição social dos pais. Outra realidade social: as mulheres, por pertencerem ao mundo privado e não ao público, não têm direito de voto e a educação das meninas difere da dos meninos. Mais uma realidade social: a república pode legitimamente levar as suas luzes aos povos supostamente não civilizados e colonizá-los. Aliás, nos grotões da própria França, existem populações "atrasadas" que a escola republicana pretende levar à modernidade, interditando o uso das suas línguas específicas e desprezando as suas culturas. Ao nome do interesse geral e da cidadania, a República Francesa e a sua escola emanciparam o povo e, no mesmo processo, oprimiram tudo quanto apresentava diferenças linguísticas e culturais. A escola republicana não se abre à comunidade que a rodeia; ela tem a missão de educá-la para a cidadania – o que significou, muitas vezes, rejeitar suas especificidades.

No entanto, a burguesia republicana se interessa pela educação do povo. Com efeito, um povo não educado constitui uma ameaça permanente para a paz social, sobretudo em um país onde as revoltas e revoluções fazem parte da cultura nacional. Guizot, que promulgou em 1833 a primeira lei organizando de forma sistemática o ensino primário francês, escreve:

> *"Se fosse possível condenar o povo a uma ignorância irrevogável, por injusta que fosse essa proibição, poder-se-ia entender que as classes superiores, com a esperança de firmarem o seu império, tentassem pronunciá-la e mantê-la. Mas a Providência não permitiu que essa injustiça fosse possível; e ela atou-a a tamanhos perigos que o interesse, em acordo com o dever, proíbe aos governos de cometê-la (...). A ignorância torna o povo turbulento e feroz, faz dele um instrumento à disposição dos facciosos, e em todo lugar encontram-se ou sobrevêm facciosos dispostos a se servirem desse instrumento terrível".* Entretanto, *"o só desenvolvimento intelectual, o desenvolvimento intelectual separado do desenvolvimento moral e religioso, vira princípio de orgulho e, consequentemente, de perigo pela sociedade"* (citado em Charlot; Figeat, 1985, p. 92).

Esta é a ideia básica: deve-se instruir o povo, mas sem exagero; é preciso educá-lo não para que ele mude sua condição, mas para que entenda que "saber ser contente com a sua sorte constitui a verdadeira filosofia popular" (Gerando, 1839; citado em Charlot; Figeat, 1985, p. 92). O projeto da burguesia "progressista" e "modernista" é moralizar o povo pela educação.

Portanto, a educação cumpre uma dupla função: firmar o vínculo político e manter vínculos sociais apesar dos conflitos de classes. Ela possibilita a existência do povo, entendido como conjunto das pessoas que constituem o corpo de uma nação, e mantém sob controle o povo, no sentido de conjunto das pessoas pertencentes às classes pobres. Ela educa para a cidadania e moraliza o povo pobre pela educação. Portanto, existe permanentemente o risco de confundir os dois tipos de vínculos, as duas funções e de justificar esta por argumentos referentes àquela: em nome da cidadania, busca-se moralizar o povo pela educação, ou seja, "apaziguar o tolo".

No Estado Educador, permanece a distinção entre vontade geral e interesses particulares, cidadania política e vínculo social. Nos Estados Desenvolvimentista e Regulador, a diferença torna-se menos clara e, portanto, cresce o risco de deslize semântico.

Nas décadas de 50 ou 60 do século XX, o Estado Desenvolvimentista substitui o Estado Educador. A questão central não é mais a dos fundamentos da nação (versão francesa) ou das bases da comunidade (versão inglesa e norte-americana); passa a ser a do crescimento econômico e do desenvolvimento. Essa mudança é mundial. Acontece nos países industrializados e democráticos, onde os conflitos de classe são regulados por dispositivos institucionais ou consensuais. Observa-se, também, nos países "emergentes" ditatoriais, onde o poder militar se mantém apenas enquanto consegue promover o desenvolvimento econômico; foi o caso da Coreia do Sul e do Brasil e é, hoje, o da China. Até os países africanos que acedem à independência política na década de 1960 são regidos pela lógica socioeconômica. A lógica político-educacional da cidadania teria sido muito proveitosa a estes países, divididos e multiétnicos, mas era tarde demais: conquistaram a sua independência política na década em que passou a ser dominante a lógica socioeconômica do desenvolvimento. Minados pelas guerras internas e pela corrupção, nem conseguiram tornar-se nações, nem entraram nos processos de desenvolvimento e na globalização.

Em uma sociedade que se dá como prioridade o desenvolvimento socioeconômico, a própria natureza do vínculo social muda. Não é mais a "solidariedade mecânica" entre indivíduos que compartilham as mesmas crenças e representações, nem a comum cidadania; passa a ser o que Durkheim chama "solidariedade orgânica". Esta é gerada pelo "sistema de funções diferentes e especiais" constituído pela divisão do trabalho (Durkheim, 1967-1893, p. 99). Os indivíduos já não são solidários pelas suas semelhanças, são--no pelas suas diferenças complementares. Cada um, "apesar de ter uma fisionomia e uma atividade pessoal que o distinguem dos demais, depende deles na própria medida em que deles se distingue" (p. 205). Quando prevalece a solidariedade mecânica, o princípio do vínculo social fica em cada membro da sociedade, sob formas de valores e representações coletivas. De mesmo modo, no caso da cidadania, "é o que é comum aos interesses particulares que forma o vínculo social" (Rousseau, 1958-1762, L. II-I). Ao contrário, quando predomina a solidariedade orgânica, o vínculo social decorre do ajuntamento de partes diferentes. Nesta configuração social, não faz mais sentido raciocinar em termos de cidadania. O problema passou a ser outro: o do rasgamento do tecido social, caso pessoas ficassem fora do ajuntamento, ou seja, o da desafiliação induzida pelo desemprego ou o desligamento sociofamiliar. Essa racha gera várias formas de violência, o que leva a sociedade a falar de "educação para a cidadania". Que haja um problema a ser resolvido, é claro. Pensar que a cidadania é a solução desse problema é anacronismo.

No período do Estado Desenvolvimentista, não há rasgamentos e não se fala de educação para a cidadania. O crescimento econômico proporciona empregos para todos, o Estado de Bem-Estar protege cada um, o desenvolvimento faz consenso. Espera-se da escola que atenda às necessidades das empresas e, quando se é aluno, que ela leve a "um bom emprego mais tarde". A sua missão fundamental já não é inculcar valores, sejam elas representações coletivas ou princípios republicanos, mas contribuir para a formação diferenciada e a hierarquização de crianças que ocuparão posições complementares na divisão social do trabalho.

Nessa época, o debate sobre a escola não focaliza a igualdade política dos cidadãos, mas a desigualdade social entre os membros da sociedade, aquela "reprodução" evidenciada pelos sociólogos. O tema central dos confrontos político-educacionais dos anos 1960 e 1970 é a "igualdade das oportunidades". Os pensadores que promoveram o Estado Educador mantinham separadas a questão política, resolvida pela igualdade entre cidadãos, e a questão social, abandonada às desigualdades "naturais" e ao acaso do nascimento. Nesta época, a "reprodução" não era uma crítica ou uma suspeita, era admitida explicitamente, sendo considerada como ordem das coisas. A partir da década de 1960, é levantada a questão da igualdade *social*, e não apenas política. No entanto, o princípio de "igualdade das oportunidades" traz exigência de igualdade inicial, mas, também, consente implicitamente as desigualdades no desfecho da corrida escolar e social. Igualdade das oportunidades não significa igualdade social, mas iguais chances iniciais de ocupar tal ou qual lugar em uma sociedade que aceita as desigualdades.

Nas sociedades que sofrem uma ditadura militar ou partidária, permanece uma luta política pela liberdade. A conquista desta, porém, não traz de volta uma lógica de cidadania. Esta não foi o eixo da vida política no Brasil ou na Rússia após a sua redemocratização... Acabou, definitivamente, a era da "cidadania", no sentido histórico do conceito.

A escola do Estado Desenvolvimentista oferece reais chances de ascensão social, apesar da "reprodução" e do frequente fracasso escolar dos alunos oriundos das novas camadas sociais que têm acesso aos estudos. De certo modo, pode-se dizer que ela continua moralizando o povo, mas, desse momento em diante, fá-lo mais pelas esperanças que providencia do que pelos conteúdos que ensina.

O Estado Desenvolvimentista entra em crise no final da década de 1970. Aqui não é o lugar para analisar as causas desta crise, que, de fato, consiste em uma reestruturação do sistema capitalista. Interessam-nos os seus efeitos. Novas lógicas econômicas e sociais emergem, resumidas pelas palavras que dominam os atuais discursos: concorrência, produtividade, qualidade, eficácia, parceria... Reduz-se a esfera de ação do Estado, que segue visando ao desenvolvimento como objetivo prioritário, mas restringe a sua atuação à regulação dos instrumentos fundamentais da vida econômica e social: o Estado Desenvolvimentista vira Estado Regulador. Impera o neoliberalismo, que apenas conhece a "lei" do mercado. Expande-se a globalização, que torna cada vez mais interdependentes as economias, as sociedades, as culturas. Impõe-se o imperialismo agressivo dos Estados Unidos e tenta impor-se o islamismo fundamentalista e terrorista – dupla negação dos Direitos do Homem e do Cidadão. Paralelamente, o recuo do Estado liberta o "local", pelo melhor, com o renascimento de culturas locais, ou pelo pior, com o ressurgimento de nacionalismos agressivos. Mudou o mundo, em pouco tempo. Essas mudanças trazem consequências sociais e escolares.

Em algumas sociedades do chamado Primeiro Mundo, cresce o desemprego; em outras, decrescem os salários; em todas, faz-se mais difícil conseguir um emprego, inclusive quando se tem um bom nível de escolarização. No mesmo tempo, esmorece o Estado de Bem-Estar. Sendo assim, os indivíduos são cada vez mais abandonados à sua própria sorte, em uma sociedade em que a concorrência vira norma legítima de relacionamento. Outrem já não é um cidadão com quem se compartilham o presente e o futuro; tornou--se um concorrente. Nos países reputados emergentes, como o Brasil, o desemprego e a luta para a sobrevivência não são coisas novas, mas a onda neoliberal, que os submerge também, enfraquece as formas tradicionais de solidariedade familiar e comunitária. Na sociedade globalizada, seja ela "desenvolvida" ou "emergente", o "cada um por si" torna-se norma e o dinheiro passa a ser a medida de todas as coisas.

Paralelamente, as sociedades contemporâneas valorizam cada vez mais o indivíduo, o que decorre logicamente de suas evoluções. Essa valorização não constitui, em si mesmo, um problema. Com efeito, é preciso distinguir a individualização e o individualismo. Este remete ao indivíduo que só conhece os seus interesses particulares e desejos pessoais, enquanto aquela afirma o valor de cada ser humano e, portanto, dá atenção a outrem. Os processos de individualização podem levar ao que chamaremos de vínculo social individualizado. Essa forma de relacionar-se com os demais existe nas sociedades contemporâneas, em especial entre os jovens. No entanto, o individualismo também está se propagando. Com efeito, as nossas sociedades não valorizam apenas o indivíduo, elas promovem igualmente o desejo. Uma sociedade que prioriza o desenvolvimento precisa do consumo e, logo, do desejo. Assim emerge no palco público, como figura predominante da subjetividade, o Indivíduo centrado sobre si mesmo e seus desejos, vencedor da competição "Eis Eu aqui", estrela da imprensa *people* e dos *reality shows*. Paris Hilton encarna esse Sujeito que se cria a si mesmo como um espetáculo permanente.

A escola do Estado Regulador sofre as consequências indiretas dessas evoluções sociais e culturais. Além disso, ela também é presa nas novas lógicas. Já não se lhe pede que ela forme o cidadão, nem sequer que garanta a igualdade das oportunidades – tema que saiu da pauta dos discursos; exige-se dela que seja uma escola "de qualidade". Quem poderia recusar tal pedido e argumentar a favor de uma escola ruim? O problema é definir o que se entende por "qualidade". Hoje, na lei da concorrência impiedosa, esta palavra remete à ideia de passar de ano, ser aprovado no vestibular, contribuir para a inserção bem-sucedida do país nas redes da globalização. Além disso, a concorrência virou o modo de funcionamento normal da escola. Qual o lugar do Brasil na avaliação internacional Pisa? Quais os resultados no vestibular da escola particular onde estuda o meu filho?

Não é de se estranhar que uma sociedade impondo a concorrência universal, valorizando e abandonando o indivíduo, legitimando o desejo, seja permeada por crescentes fenômenos de violência, nem que uma escola em que cada um há de superar os demais não escape à violência. Face à violência e, de modo mais geral, ao individualismo e à desafiliação, ressurge a questão dos valores e reaparece no debate público a palavra "cidadania". O que significa esta palavra, porém, em um período de recuo do Estado e em um momento da História humana em que o fundamento do viver juntos já não é político-educacional, mas socioeconômico? O que significa "educação para a cidadania" quando a escola funciona na lógica da concorrência e, no Brasil, é dividida entre um setor público, em que prevalecem estratégias de sobrevivência, e um setor particular norteado pelo vestibular? Apela-se para um conceito político para represar os efeitos sociais de uma lógica socioeconômica. No melhor dos casos, trata-se de um anacronismo, decorrente da ignorância. No pior, tenta-se modernizar o projeto oitocentista de moralizar o povo pela educação, isto é, de apaziguar o tolo.

Resta outra interpretação, contemplando a generosidade das intenções daqueles que evocam a educação para a cidadania, pelo menos de uma parte deles: esse apelo remete à aspiração a outro vínculo social que não a interdependência no mercado do trabalho e do dinheiro; ao anseio por ligações sociais baseadas em valores, em representações coletivas; ao pedido por uma simbólica coletiva que ultrapasse a comum adesão à Seleção. É possível atender tal aspiração à época da globalização e da individualização? É possível, na sociedade contemporânea, reinventar uma forma de vínculo social que, embora não seja a "cidadania", a qual pertence a uma configuração política hoje extinta, focalize o interesse geral e tenha um conteúdo universalista, sem, por isso, desconhecer as novas realidades socioeconômicas?

Na lógica neoliberal atual, tal projeto não tem sentido, senão apaziguar o tolo. Mas o neoliberalismo não é uma fatalidade, pode-se sonhar em outras formas de globalização, no "outro mundo possível" que inspira o Fórum Social Mundial, o Fórum Mundial de Educação e, de outro modo, o Projeto do Milênio das Nações Unidas. Ao mesmo tempo que ela se desenrola na lógica das relações de força, a globalização evidencia a interdependência dos seres humanos e, pela primeira vez na História, é possível pensar o destino da espécie humana como tal. O vínculo a ser contemplado, hoje em dia, não é mais o que une cidadãos de um país, é aquele que liga os seres humanos entre si e estes com o planeta Terra. Já não se trata de educar para a cidadania, mas para a humanidade.

Não há dúvida de que esse projeto é compatível com a irreversível individualização das existências, desde que ela seja entendida como valorização de todos os sujeitos humanos, e não como individualismo. Podemos considerar, também, que o projeto, por utópico que seja, é conciliável com o curso econômico do mundo: a quantia global de riqueza produzida vai crescendo, embora seja mal distribuída, e faz-se possível sonhar em um mundo sem fome, sem pobreza, com educação e saúde para todos.

A escola há de mudar para contribuir para a construção desse outro mundo possível. A sociedade, os pais, os professores devem aliviar a pressão hoje exercida sobre os jovens, desapertar os parafusos de uma máquina escolar que, atualmente, machuca por demais os alunos, inclusive os "bons". A lógica da concorrência deve ser substituída pela lógica da excelência, democrática, desde que se considere a variedade das formas de excelência. A lógica do armazenamento solitário de informações deve ceder o lugar à da reflexão, da invenção, do trabalho em equipe, o que, aliás, a Internet possibilita e a sociedade globalizada pede. É preciso, ainda, que a escola assuma o fato de que, hoje em dia, ela é o principal lugar de socialização da juventude, e repense a vida juvenil na escola.

Zenão de Cítio e os estoicos disseram-se Cidadãos do Mundo. O Renascimento glorificou o Homem nas suas produções artísticas. O Iluminismo e a Revolução Francesa forjaram o conceito político de cidadania. Marx e o Socialismo convidaram os proletários de todos os países a se unirem. Foram sonhos, utopias, mas contribuíram para dar à realidade as suas formas atuais. Hoje, faz-se possível dar mais um passo para frente, ao pensar a solidariedade à escala da própria espécie humana. Assim, esboça-se uma nova Utopia, uma nova Simbólica, um novo Imaginário Coletivo. Terá provavelmente a sorte das utopias que a precederam: será interpretada, desviada, traída, mas mudará o mundo, através de múltiplas contradições. Essa utopia não promete o Fim da História, mas abre uma nova página da aventura humana. À educação, cabe participar dessa aventura. Não pela "educação para a cidadania", mas pela educação para a humanidade.

Referências

Referências

ALAIN. *Propos sur l'éducation.* Paris: PUF, 1969.

ALTHUSSER, Louis. Aparelhos ideológicos de Estado. Rio de Janeiro: Graal, 1998. Tradução de: ALTHUSSER, Louis. *Les apparels idéologiques d'État.* Paris, La Pensée, mai.-juin. 1970, p. 3-38.

ARIÈS, Philippe. *A história social da criança e da família.* Rio de Janeiro: Guanabara, 1981.

BACHELARD, Gaston. *A formação do espírito científico.* Rio de Janeiro: Contraponto, 1996.

BARBOSA, Ana Mae. *Arte-educação no Brasil*: das origens ao modernismo. São Paulo: Perspectiva, 1978.

BARRETO, Débora. *Dança...* Ensino, sentidos e possibilidades na escola. Campinas: Autores Associados, 2004.

BAUDELOT, Christian; ESTABLET, Roger. *L'école capitaliste en France.* Paris: Maspero, 1971. Tradução em espanhol: *La escuela capitalista.* México: Siglio Veintiuno, 1977.

BERNSTEIN, Basil. *A estruturação do discurso pedagógico*: classe, código, controle. Petrópolis: Vozes, 1996.

BOAL, Augusto. *Jogos para atores e não atores.* 12. ed. Rio de Janeiro: Civilização Brasileira, 2008.

BOURDIEU, Pierre. *A distinção*: crítica social do julgamento. Porto Alegre: Zouk, 2007.

_____. *A miséria do mundo.* Petrópolis: Vozes, 2003.

_____. *Escritos de Educação.* Petrópolis: Vozes, 1998.

_____. *O poder simbólico.* Lisboa: Difel, 1989.

_____; PASSERON, Jean-Claude. *A reprodução.* Rio de Janeiro: Francisco Alves, 1992. Tradução do livro publicado em 1970: *La reproduction.* Paris: Éditions de Minuit, 1970.

REFERÊNCIAS

BOWLES, Samuel; GINTIS, Herbert. *Schooling in Capitalist America*. New York: Basic Books, 1976.

BREVIGLIERI, Marc. Le fond ténébreux de la routine. À propos des morales du geste technique au travail. In: GAUTIER, Claude; LAUGIER, Sandra (Orgs.). *L'ordinaire et le politique*. Paris: PUF, 2006. p. 189-217.

CASTEL, Robert. *As metamorfoses da questão social*: uma crônica do salário. Petrópolis: Vozes, 1998.

CENCI, Angelo Vitorio *et al.* (Orgs.). *Sobre filosofia e educação*: racionalidade, diversidade e formação pedagógica. Passo Fundo: Ed. Universidade de Passo Fundo, 2009.

CERTEAU, Michel de. *Invenção do cotidiano*: artes de fazer. Petrópolis: Vozes, 1996. v. 1.

CHARLOT, Bernard. A escola e o mundo do trabalho. *Sísifo: Revista de Ciências da Educação*, Lisboa, v. 10, p. 89-96, set.-dez. 2009.

_____. *A mistificação pedagógica*: realidades sociais e processos ideológicos na teoria da educação. Rio de Janeiro: Zahar, 1979.

_____. *A relação com o saber nos meios populares*: uma investigação nos liceus profissionais de subúrbio. Porto, Portugal: Ciie/Livpsic, 2009.

_____. *Da relação com o saber*: elementos para uma teoria. Porto Alegre: Artmed, 2000.

_____. *Dança, Teatro e Educação na sociedade contemporânea*. Ribeirão Preto: Alphabeto, 2011. p. 9-41.

_____. *Du rapport au savour*: éléments pour une théorie. Paris: Anthropos, 1997.

_____. Educação e globalização: uma tentativa de colocar ordem no debate. *Sísifo*: *Revista de Ciências da Educação*, Lisboa, n. 4, p. 129-136, out.-dez 2007.

_____. *Les sciences de l'education*: un enjeu, un défi. Paris: ESF, 1995.

_____. O professor na sociedade contemporânea: um trabalhador da contradição. *Revista da Faeeba: Educação e Contemporaneidade*, Salvador, v. 17, n. 30, p. 17-31, jul.-dez. 2008.

CHARLOT, Bernard (Org.). *Os jovens e o saber*: perspectivas mundiais. Porto Alegre: Artmed, 2001.

_____. O sociólogo, o psicanalista e o professor. In: MRECH, Leny Magalhães (Org.). *O impacto da Psicanálise na Educação*. São Paulo: Avercamp Editora, 2005b.

_____. Relação com o saber e com a escola entre estudantes de periferia. *Cadernos de Pesquisa*, São Paulo, n. 97, p. 47-63, maio 1996.

_____. *Relação com o saber, formação dos professores e globalização*: questões para a educação hoje. Porto Alegre: Artmed, 2005a.

_____; BAUTIER, Élisabeth; ROCHEX, Jean-Yves. *École et savoir dans les banlieues... et ailleurs*. Paris: Armand Colin, 1992.

_____; FIGEAT, Madeleine. *Histoire de la formation des ouvriers (1789-1984)*. Paris: Minerve, 1985.

_____; SILVA, Veleida Anahi da. Relação com a Natureza e Educação Ambiental. In: SATO, Michèle; CARVALHO, Isabela. *Educação Ambiental, pesquisa e desafios*. Porto Alegre: Artmed, 2005.

CLAPARÈDE, Édouard. *Psicologia da Criança e Pedagogia Experimental*. São Paulo: Editora do Brasil, 1956.

COMTE, Auguste. *Curso de Filosofia Positiva*. São Paulo: Nova Cultural, 1996.

CRUZ, Maria Helena Santana (Org.). *Contribuições para pensar a educação, a diversidade e a cidadania*. São Cristovão-SE: UFS, 2009. p. 209-30.

D'ÁVILA, Cristina. *Ser professor na contemporaneidade*: desafios, ludicidade e protagonismo. Curitiba: CRV, 2010. p. 15-39.

DIDEROT, Denis; D'ALEMBERT, Jean le Rond. *Enciclopédia ou Dicionário Racionado das Ciências, das Artes e dos Ofícios*. São Paulo: Editora da USP, 1989.

DUMAZEDIER, Joffre (Org.). *La leçon de Condorcet*: une conception oubliée de l'instruction pour tous nécessaire à une république. Paris: L'Harmattan, 1994.

DURKHEIM, Émile. *De la division du travail social*. 8. ed. Paris: PUF, 1967. (1. ed. 1893.)

REFERÊNCIAS

FERNANDES, Ciane. *O corpo em movimento*: o sistema Laban/Bartenieff na formação e pesquisa em artes cênicas. 2. ed. São Paulo: Annablume, 2006.

FERRIÈRE, Adolphe. *A escola activa*. Lisboa: Editorial Aster, 1965.

FREINET, Célestin. *L'éducation du travail*. Neufchatel: Delachaux et Niestlé, 1967.

FREIRE, Paulo. *A Pedagogia do Oprimido*. Rio de Janeiro: Paz e Terra, 1983.

_____. *Educação como prática da liberdade*. Rio de Janeiro: Paz e Terra, 1976.

GARAUDY, Roger. *Dançar a vida*. 4. ed. Rio de Janeiro: Nova Fronteira, 1980.

GOFFMAN, Erving. *A representação do Eu na vida cotidiana*. Petrópolis: Vozes, 1975.

_____. On Cooling the Mark Out. *Psychiatry: Journal of Interpersonal Relations*, Paris, v. 15, n. 4, 1952, p. 451--463. Versão francesa, mais acessível: Calmer le jobard. In: _____. *Le Parler frais d'Erving Goffman*. Paris: Éditions de Minuit, 1990.

HEGEL, Georg W. F. *Fenomenologia do espírito*. Petrópolis: Vozes, 1992.

INHELDER, Bärbel; PIAGET, Jean. *Da lógica da criança à lógica do adolescente*. São Paulo: Pioneira, 1976.

IRELAND, Vera Ester *et al*. *Re-Pensando a escola:* um estudo sobre os desafios de aprender, ler e escrever. Brasília, DF: Unesco/Inep, 2007.

JAPIASSU, Ricardo. *Metodologia do ensino de Teatro*. 6. ed. Campinas: Papirus, 2006.

KANT, Immanuel. *Sobre a pedagogia*. Piracicaba: Unimep, 1996.

KINTZLER, Catherine. *Condorcet*. L'instruction publique et la naissance du citoyen. Paris: Le sycomore, 1984.

KOUDELA, Ingrid Dormien. *Jogos teatrais*. 4. ed. São Paulo: Perspectiva, 2001.

LA CHALOTAIS, Louis-René Caradeuc de. *Essai d'éducation nationale*, ou Plan d'études pour la jeunesse. [S. L.: s. n.], 1763.

LACAN, Jacques. *Escritos*. Rio de Janeiro: Jorge Zahar, 1998.

LEONTIEV, Alexis N. *Activité, Conscience, Personnalité*. Moscou: Ed. Du Progrès, 1984. Tradução em espanhol: *Actividad, conciencia, personalidad*. La Habana: Editorial Pueblo y Educación, 1983.

MACHADO DE ASSIS, Joaquim Maria. *Quincas Borba*. São Paulo: Martin Claret, 2002.

MACHADO, Irley, *et al*. (Org.). *Teatro*: ensino, teoria e prática. Uberlândia: EDUFU, 2004.

MARQUES, Isabel A. Dançando na escola. *Motriz: Revista de Educação Física* – Unesp, Rio Claro, v. 3, n. 1, p. 20-8, jun. 1997.

_____. *Dançando na escola*. São Paulo: Cortez Editora, 2003.

_____. *Ensino de dança hoje*: textos e contextos. São Paulo: Cortez Editora, 1999.

MARRERO, Adriana. Hermione en Hogwarts, o sobre el éxito escolar de las niñas. In: MARRERO, Adriana (Org.). *Educación y Modernidad, Hoy*. Valencia: Germania/Montevideo: Ediciones de la Banda Oriental, 2007. p. 203-245.

MARX, Karl. *Manuscritos Econômico-Filosóficos*. São Paulo: Boitempo, 2004.

_____. *O Capital*. Rio de Janeiro: Civilização Brasileira, 1998.

_____. *Teses sobre Feuerbach*. Lisboa: Edições Progresso, 1982.

_____; ENGELS, Friedrich. *Manifesto do Partido Comunista*. São Paulo: Boitempo, 2006.

MENDEL, Gérard. *La Révolte contre le père*: une introduction à la Socio-psychanalyse. Paris: Payot, 1968.

MINOIS, Georges. *História do riso e do escárnio*. São Paulo: Editora Unesp, 2003.

NEVES, Paulo S. C. (Org.). *Educação e cidadania*: questões contemporâneas. São Paulo: Cortez Editora, 2009.

NOVELLY, Maria C. *Jogos teatrais*: exercícios para grupos e sala de aula. 12. ed. Campinas: Papirus, 2010.

REFERÊNCIAS

NÓVOA, António. Os professores na virada do milênio: do excesso dos discursos à pobreza das práticas. *Educação e Pesquisa*, São Paulo, v. 25, n. 1, jan.-jun. 1999. Disponível em: <http://www.scielo.br>. Acesso em: 14 maio 2000.

PACHECO, José. *Caminhos para a inclusão*. Porto Alegre: Artmed, 2006.

_____. *Sozinhos na escola*. Rio de Janeiro: Didática Suplegraf, 2003.

PIAGET, Jean. *Psicologia e Pedagogia*. Rio de Janeiro: Editora Forense Universitária, 2008.

PISTRAK, M. Mikhaylovich. *Fundamentos da escola do trabalho*. São Paulo: Expressão Popular, 2002.

PLATÃO. *A República*. 2. ed. São Paulo: Martin Claret, 2003.

_____. *Diálogos*: Protágoras, Górgias, Fedão. 2. ed. Belém: EDUFPA, 2002.

PROUDHON, Pierre-Joseph. *De la Justice dans la Révolution et dans l'Église*. Paris: Rivière, 1930.

RAVEAUD, Maroussia. *De l'enfant au citoyen*: la construction de la citoyenneté à l'école en France et en Angleterre. Paris: PUF, 2006.

ROUBINE, Jean-Jacques. *Introdução às grandes teorias do teatro*. Rio de Janeiro: Jorge Zahar, 2003.

ROUSSEAU, Jean-Jacques. *Du Contrat Social*. Paris: Éditions Sociales, 1963. (1. ed. 1762).

_____. *Émile ou de l'Éducation*. Paris: Éditions Sociales, 1958. (1. ed. 1762).

_____. *Emílio ou da educação*. São Paulo: Martins Fontes, 1995.

_____. *O Contrato Social*. São Paulo: Martins Fontes, 2006.

RYNGAERT, Jean-Pierre. *Introdução à análise do teatro*. São Paulo: Martins Fontes, 1996.

_____. *Ler o teatro contemporâneo*. São Paulo: Martins Fontes, 1998.

SAINT-PIERRE, Bernardin de. *Paulo e Virgínia*. São Paulo: Ícone, 1986.

SARAMAGO, José. *Caim*. São Paulo: Companhia das Letras, 2009.

SARTRE, Jean-Paul. *A imaginação*. Porto Alegre: L&PM Pocket, 2008.

SCARPATO, Marta Thiago. Dança educativa: um fato em escolas de São Paulo. *Cadernos Cedes,* Campinas, ano XXI, n. 53, p. 57-68, abr. 2001.

SCHWARTZ, Bertrand. *Moderniser sans exclure*. Paris: La Découverte, 1993.

SCHWARTZ, Yves. *Expérience et connaissance du travail*. Paris: Messidor, 1988.

SÈVE, Lucien. *Marxismo e teoria da personalidade*. Lisboa: Livros Horizonte, 1979. 3 v.

SILVA, Veleida Anahi da. Ciência, razão pedagógica e vida na obra de Bachelard. *Revista Educação em Questão*, Rio Grande do Norte, v. 30, n. 16, p. 157-73, set.-dez. 2007.

_____. *Por que e para que aprender a matemática?* São Paulo: Cortez Editora, 2009.

_____. *Savoirs quotidiens et savoirs scientifiques*: l'élève entre deux mondes. Paris: Anthropos, 2004.

SNYDERS, Georges. *La Pédagogie en France aux XVIIe e XVIIIe siècles*. Paris: PUF, 1965.

SPINOZA, Baruch de. *Ética*. São Paulo: Martin Claret, 2005.

SPOLIN, Viola. *Improvisação para o teatro*. 4. ed. São Paulo: Perspectiva, 2000.

_____. *Jogos teatrais na sala de aula*: um manual para o professor. São Paulo: Perspectiva, 2008.

VERGNAUD, Gérard. Prefácio. In: MORO, Maria Lucia Faria; SOARES, Maria Tereza Carneiro (Orgs.). *Desenhos, palavras e números*: as marcas da matemática na escola. Curitiba: Editora da UFPR, 2005.

VYGOTSKY, Lev Sémionovitch. *Pensamento e linguagem*. São Paulo: Martins Fontes, 1987.

WILLIS, Paul. *Aprendendo a ser trabalhador*: escola, resistência e reprodução social. Porto Alegre: Artes Médicas, 1991.

WOODS, Peter. *L'ethnographie de l'école*. Paris: Armand Colin, 1990.

Bernard Charlot nasceu em Paris, França, em setembro de 1944. Graduou--se em Filosofia em 1967, tornando-se doutor em Ciências da Educação em 1985 pela Universidade de Paris X. ("doctorat d'État", equivalente à livre-docência.)

Foi professor em Ciências da Educação na Universidade de Tunis (Tunísia) entre 1969 e 1973 e, entre 1973 e 1987, professor de Psicopedagogia na "École Normale" (Instituto de Formação de Professores) em Le Mans, França, onde trabalhou com a formação de professores do ensino fundamental especializados em alunos em situação de fracasso escolar.

Entre 1987 e 2003, atuou como professor titular em Ciências de Educação na Universidade Paris 8, onde dirigiu a graduação em Educação, a pós-graduação e a Comissão de Recrutamento dos Novos Professores. Permanece professor titular emérito da Universidade Paris 8.

Atualmente é professor visitante nacional sênior (bolsa Capes) na Universidade Federal de Sergipe, nos Núcleos de Dança e Teatro e nos cursos de Pós-Graduação em Educação (NPGED) e em Ensino de Ciências e Matemática (NPGECIMA). Na UFS, é líder do Grupo de pesquisa CNPq Arte, Diversidade e Contemporaneidade (Ardico) e membro do Grupo de pesquisa CNPq Educação e Contemporaneidade (Educon). Principal tema de pesquisa nos últimos anos: a relação dos alunos com o saber e a escola. Escreveu ou organizou vinte livros e numerosos artigos, publicados ou traduzidos em dezessete países. Orientou uma centena de mestrados e doutorados e supervisou vários pós-doutorados, na França e no Brasil.

É também membro fundador do Conselho Internacional do Fórum Mundial de Educação.